COCO

comida, cultura e patrimônio

Dados Internacionais de Catalogação na Publicação (CIP)
(Câmara Brasileira do Livro, SP, Brasil)

Lody, Raul
Coco : comida, cultura e patrimônio / Raul Lody. – São Paulo : Editora Senac São Paulo, 2011.

Bibliografia.
ISBN 978-85-396-0149-3

1. Alimentos – História 2. Coco – História 3. Culinária (Coco) 4. Culinária – História – Brasil 5. Cultura – Brasil 6. Gastronomia – História – Brasil I. Título.

11-10108 CDD-641.64

Índice para catálogo sistemático:

1. Coco : Culinária : Brasil : Gastronomia : História 641.64

FSC
www.fsc.org
MISTO
Papel produzido a partir de fontes responsáveis
FSC® C104302

Raul Lody

COCO

comida, cultura e patrimônio

editora senac são paulo

Administração Regional do Senac no Estado de São Paulo
Presidente do Conselho Regional: Abram Szajman
Diretor do Departamento Regional: Luiz Francisco de A. Salgado
Superintendente Universitário e de Desenvolvimento: Luiz Carlos Dourado

Editora Senac São Paulo
Conselho Editorial: Luiz Francisco de A. Salgado
Luiz Carlos Dourado
Darcio Sayad Maia
Lucila Mara Sbrana Sciotti
Jeane Passos Santana

Gerente/Publisher: Jeane Passos Santana (jpassos@sp.senac.br)

Editora Executiva: Isabel M. M. Alexandre (ialexand@sp.senac.br)
Assistente Editorial: Pedro Barros (pedro.barros@sp.senac.br)

Edição de Texto: Léia Maria Fontes Guimarães
Preparação de Texto: Frank Ferreira
Apoio à Pesquisa de Texto: Jorge Sabino
Pesquisa Iconográfica: Luara de Almeida
Revisão de Texto: Edna Viana, Luiza Elena Luchini (coord.), Leticia Castello Branco
Projeto Gráfico e Editoração Eletrônica: Fabiana Fernandes
Capa: Fabiana Fernandes, sobre foto de Chandrika Nair
Fotos do Miolo: Jannis Hermanns
Impressão e Acabamento: Gráfica Parma

Comercial: Rubens Gonçalves Folha (rfolha@sp.senac.br)
Administrativo: Carlos Alberto Alves (calves@sp.senac.br)

Editora Senac São Paulo
Rua Rui Barbosa, 377 – 1º andar – Bela Vista – CEP 01326-010
Caixa Postal 1120 – CEP 01032-970 – São Paulo – SP
Tel. (11) 2187-4450 – Fax (11) 2187-4486
E-mail: editora@sp.senac.br
Home page: http://www.editorasenacsp.com.br

SUMÁRIO

NOTA DO EDITOR

Em *Coco: comida, cultura e patrimônio*, Raul Lody exercita ao mesmo tempo a visão erudita do especialista em ciências sociais e o olhar apaixonado do estudioso da cultura popular.

Do coco, como alimento, tudo se aproveita, de forma artesanal ou industrial: a polpa, o leite e a água. Esvaziado desses componentes, o recipiente natural transforma-se em utensílio caseiro ou em instrumento musical que dá ritmo e designa uma típica forma de composição musical, canto e dança coletivos. O coqueiro, por sua vez, é fornecedor generoso de madeira e fibras que servem de matéria-prima para artefatos e edificações que, ao lado da espécie vegetal, compõem as paisagens tropicais.

Entretanto, para o autor, o coco é sobretudo ingrediente de destaque nas receitas de um sem-número de iguarias doces e salgadas da culinária brasileira – a atual e a tradicional, e também a que se integra ritualisticamente a cerimônias religiosas resultantes da conjunção das nossas bases culturais indígena, africana e europeia. Boa parte deste livro, nessa perspectiva, é devotada à apresentação de algumas dessas formulações alimentares e, assim, à recuperação de texturas, cores, aromas e sabores profundamente arraigados na memória afetiva e no imaginário de povos não só da América como da África, da Ásia e da Oceania.

O Senac São Paulo, ao publicar *Coco: comida, cultura e patrimônio*, visa não só contribuir com a preservação da cultura gastronômica no Brasil como também enfatizar nossa participação em uma rede cultural que se estende no tempo e no espaço e é matriz de muitos de nossos comportamentos como seres sociais.

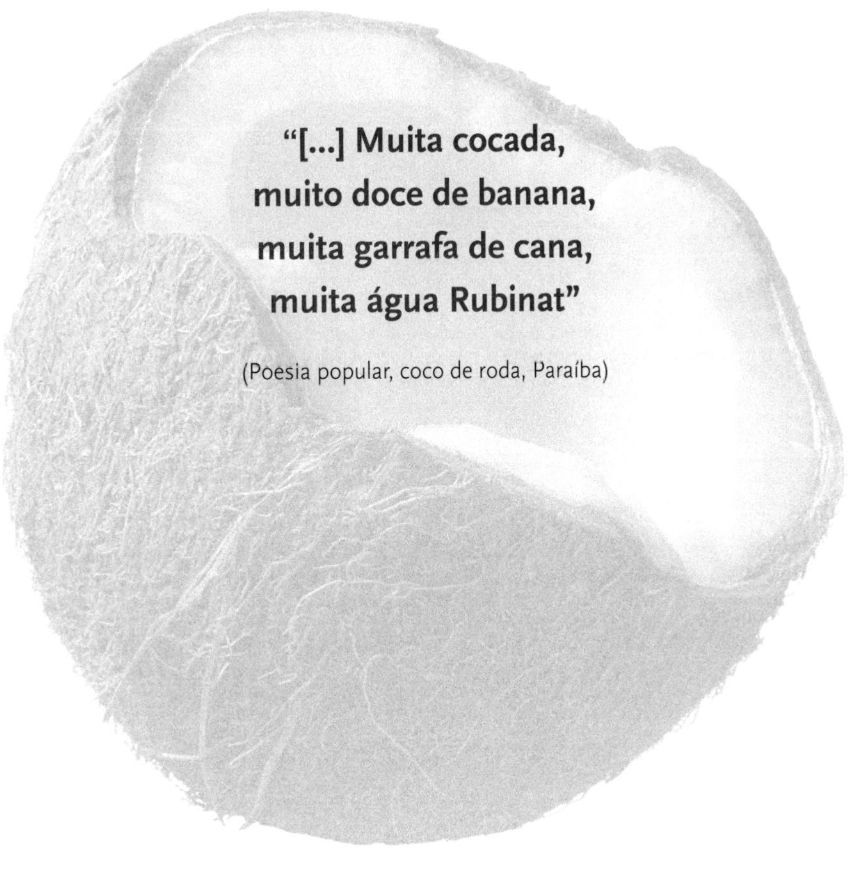

"[...] Muita cocada,
muito doce de banana,
muita garrafa de cana,
muita água Rubinat"

(Poesia popular, coco de roda, Paraíba)

COM COCO, DE TUDO UM POUCO...

Cultivam-se palmeiras de cocos grandes e colhem--se muitos, principalmente à vista do mar, mas só os comem e lhes bebem a água que têm dentro, sem os mais proveitos que tiram na Índia [...].

(Frei Vicente do Salvador, *História do Brasil – 1500-1627*)

TENHO COCO BEM MADURO. Então, vamos abrir. Jogar no chão, pegar e bater em qualquer lugar. Abriu. Vamos ralar o coco. Um banquinho de madeira e um ralador, daqueles bem tradicionais; aí, quem vai ralar coloca o instrumento entre as pernas, com técnica e habilidade, começa o ofício; é então aquela chuva de flocos brancos que nasce do fruto.

O coco ralado já serve para muita coisa; contudo, é preciso "tirar o leite". Um pouco de água é adicionada à massa ralada. Em seguida, tudo é bem embalado com um pano de prato "alvinho" – muito branco – e começa-se a torcer, a tirar artesanalmente o leite de coco. É o leite grosso, o mais apreciado, rico, gostoso, cheiroso. Assim, está pronto para as mais variadas receitas. Integra a receita da tapioca molhada ou ensopada, ou engrossa, junto com o azeite de dendê, a massa do vatapá. O leite de coco é base para sorvete, cremes e receitas doces e salgadas. E é também indispensável para "molhar" o cuscuz de milho, ou o de "massa" ou de "carimã" – massa de mandioca.

Sem dúvida, esse é o mais querido e saboroso leite de coco. Contudo, o processo exige um ritual exclusivo por aqueles que são iniciados nessa arte do coco. Para saber aproveitar todas as possibilidades culinárias do coco, também é preciso conhecer as técnicas artesanais das cozinhas, que geralmente acontecem nas experiências cotidianas nas casas.

Assim é valorizada cada vez mais a memória que recupera tradições, que dão à comida seus mais notáveis lugares de pertença.

A indústria da comida oferece muitas outras opções, como as garrafinhas de leite de coco: tradicional, *light*, *diet*. Desse modo, perpetuam-se as receitas de coco; no entanto, diferentes.

Com as muitas receitas à base de coco, forma-se uma verdadeira civilização de sabores agregados ao trópico. Pois há uma destinação a essa fruta, símbolo da natureza exuberante onde o litoral se junta aos coqueirais – e onde ainda há um ideal de paraíso confirmado no azul-verde do mar.

Nesse cenário paradisíaco, nada melhor que uma água tirada de coco aberto na hora pelo vendedor, à beira-mar. Com o facão, quase liturgicamente, ele executa desenhos no ar, em gestos vigorosos e delicados, um quase balé, por meio dos quais finalmente se chega à polpa da fruta e, finalmente, à água. É o néctar que traz o gosto mais saboroso do trópico. Pois se bebem a paisagem, o lugar, as belezas do litoral.

A boa água de coco é sorvida na temperatura ambiente, e necessariamente se deve olhar para o mar, pois só assim a água terá o seu verdadeiro sabor de natureza...

Para complementar o banquete, com o uso de um pedaço da casca do coco, retira-se a "laminha", a parte mais tenra e macia da fruta.

– Uma delícia!

Tantas e muitas outras propriedades vão nascer do coco e servir para receitas e muitos outros usos culinários, estéticos, artesanais...

Os prazeres do coco estão só começando, pois temos de comer sua carne *in natura* e continuar nesse exercício de tropicalização.

O coco verde do qual falamos é o *Cocos nucifera*, coco-da-índia, fruta que traz o imaginário do nosso litoral e de tantas outras referências de um Brasil tropical.

Coco: comida, cultura e patrimônio é um livro cujo tema dominante é o *Cocos nucifera*. Essa fruta destaca-se nos nossos sistemas alimentares, nas nossas receitas tradicionais e nas muitas invenções culinárias e noutras representações do imaginário brasileiro.

O nosso já estimado coco ganha proximidade antropomorfa nos usos populares de quengo e quenga.

Quengo é o coco seco, duro, que ainda apresenta "olhos", sendo por isso identificado com a cabeça humana. É comum se ouvir "Fulano, tire esse quengo do sol!" ou então "Fulano tem o quengo mole", ou seja, é "abestalhado" ou "abiscoitado".

Quenga, no Nordeste, é o mesmo que prostituta velha, já seca, como o fruto seco do coco. O termo se relaciona à casca sem uso; é por isso a designação mais vulgar para a prostituta, a rapariga.

O coco é uma fruta de rua, de beira-mar, de vendedor ambulante, dos tabuleiros das baianas de acarajé, onde há sempre cocada, das bancas das feiras e dos mercados. É um ideal de sol e de mar.

Gilberto Freyre, na construção do seu olhar e sentimento tropicológico, sempre valorizou o coco-da-índia presente nos cardápios identitários do Nordeste, bem como de outras regiões, pois o fruto tem função amplíssima na gastronomia, na saúde e na cosmetologia. Numa compreensão ampliada sobre o coqueiro, Freyre destaca-o como material para a construção da casa, especialmente do mocambo, da embarcação e de variados utensílios. Do coqueiro vem a matéria-prima que possibilita as criações estéticas e autorais de inúmeros utilitários que estão nas casas, nas cozinhas, como objetos figurativos. Apesar desses tantos e múltiplos usos do coqueiro, é na comida que se fortalecem as identidades, as memórias de lugares e de pessoas.

Açúcar, de Gilberto Freyre, publicado em 1939, foi um livro pioneiro no estudo e na valorização das receitas familiares dos colonos fundadores da Civilização do Açúcar em Pernambuco e das criações brasileiras com inclusões de mandioca e de outros ingredientes "da terra". Nesse cenário, o coco é o ingrediente que se destaca nos bolos – por exemplo, no bolo Souza Leão, que é a interpretação de receitas portuguesas, abrasileiradas principalmente com a substituição do trigo pela mandioca. Doces, tantos, muitos, diferentes, marcados pelo coco e pelo açúcar da cana sacarina. Ovos, farinha de trigo, macaxeira ou aipim, jerimum ou abóbora. Cravo, canela e outras especiarias que, juntas, formam os sabores tão apreciados pelos brasileiros.

Na sua procedência, a Índia, o coco é comida dos deuses. Oferecer coco *in natura*, seguindo complexos rituais, é estabelecer os mais profundos elos entre o homem e o sagrado. Nos altares, os cocos verdes são ritualmente depositados sobre recipientes de barro, cobre, latão ou outro material que contenham água limpa. Sobre os cocos são colocados tecidos. Esse ritual tem continuidade com cânticos e danças, para que assim a oferenda seja realizada.

A deusa Durga e o deus Ganesha têm no oferecimento do coco uma demonstração de devoção. Outras cerimônias também fazem do coco um tema dominante da fé e da religiosidade dos indianos.

O coco, além de ser a comida predileta de alguns deuses, integra amplo cardápio dos homens. Formam-se, então, sistemas culinários a partir do coco, juntamente com produtos lácteos e especiarias, entre os quais a jagra, o tão nosso e conhecido açúcar mascavo.

Na leitura do trópico, na sua complexidade e na sua diversidade estão a determinação do seu *terroir* e, com isso, suas memórias, seus saberes, suas tradições e seus patrimônios. O *Cocos nucifera* é um emblema reconhecido pelos povos do Oriente e do Ocidente, que encontram nessa espécie uma base simbólica e funcional para inúmeras manifestações sociais, econômicas e culturais.

A esse coco-verde da praia, da costa brasileira, de coqueiro muito alto, unem-se outras frutas exóticas que já foram nacionalizadas: a manga, a fruta-pão, a jaca, a graviola, a carambola e o jambo, entre outras. Essas frutas do Oriente juntam-se ao caju, à goiaba, à pitanga, ao araçá, ao babaçu e às dos coqueiros nativos do Cerrado e da Amazônia, sendo consumidas nos cardápios cotidianos que alimentam milhões de brasileiros. Frutas que estão nos doces em calda, nos sucos, nos sorvetes, em diferentes pratos das cozinhas regionais reveladores de matrizes étnicas e de maneiras tradicionais e criativas de interpretar os ingredientes locais.

Nessa verdadeira civilização do coco-da-índia, há um rico acervo gastronômico das chamadas "comidas de coco" – arroz de coco, feijão de coco, bacalhau ao coco, bredo ao coco –, entre tantos outros pratos feitos nas casas ou nas ruas, em locais já reconhecidos pela comida e pelos sabores especiais, onde se encontram as melhores tapiocas, as melhores cocadas, as melhores moquecas. Comidas que trazem as assinaturas das receitas e dos culinaristas populares.

Nas cozinhas dos terreiros, algumas receitas de matriz africana que identificam determinados orixás são as mesmas que estão nas casas, nos restaurantes, nas feiras e mercados. Exemplo é o acaçá de leite, feito à base de farinha de arroz ou de milho branco, temperado com leite de coco e açúcar; a massa é embalada em folha de bananeira e assim é cozida. É uma delícia... Esse tipo de acaçá pode ser diluído em água e se transforma em um delicioso refresco chamado afurá. O acaçá está também nos hábitos de lanches e de merendas e nos acompanhamentos de pratos condimentados, como o vatapá e o caruru, entre outros. Há ainda o acaçá insosso, que integra os cardápios de todos os orixás.

Sem dúvida, está na comida uma das mais importantes celebrações do coco na nossa cultura tradicional. Contudo, coco é também um conceito ampliado e utilizado para nominar dança e estilo musical. Dançam-se coco de roda, coco de umbigada e coco de parelha; o coco de embolada caracteriza-se pelos versos improvisados e acompanhados pelo pandeiro.

Para dançar coco, é preciso dar a "umbigada" e marcar os ritmos com palma de mão e batida de pé. Cada vez mais, dançar o coco populariza-se para além do ciclo junino. Já está no carnaval e em outras festas populares, em especial no Nordeste.

Por tudo que o coco representa e identifica o trópico nos diferentes povos e culturas do Oriente, em especial da Índia, da Indonésia e da Malásia, e no continente africano, é construído o caminho do *Cocos nucifera* até a costa atlântica brasileira.

Em âmbito tropical, o coqueiro é considerado a "árvore do paraíso", pois dele tudo se aproveita: o fruto, o tronco e a folha como material para a feitura de casas e para a confecção de objetos com diferentes usos e significados.

Assim, *Coco: comida, cultura e patrimônio* é uma imersão no universo do *Cocos nucifera*, no imaginário de povos tropicais e na vida brasileira; nas maneiras tradicionais e populares de traduzir, de usar e, principalmente, de representar festa, religiosidade, técnicas artesanais e tendências estéticas; e, na comida, como grande base nutricional e gastronômica.

A ÁRVORE DO PARAÍSO

> O coco é de fato o principal vegetal da região [...] proporciona à população alimento, bebida, combustível, teto e comércio [...]. A folha fornece, ainda, todo o material necessário para a construção de uma casa completa [...] Finalmente, da casca que envolve o tronco, fabricam-se tambores ou aplica-se em construções [...].
>
> (Daniel Parish Kidder, *Reminiscências de viagens e permanência no Brasil, Províncias do Norte – 1839-1840*)

O COQUEIRO, *Cocos nucifera*, é considerado pelos orientais uma espécie "providencial", porque dele tudo se tira, oferecendo-se ao homem tudo aquilo de que ele necessita para viver.

De maneira imemorial, o coqueiro ganha grande expressão no mundo tropical, onde é possível sua plena utilização, em harmonia com as condições ecológicas favoráveis que permitem sua cultura, notadamente no litoral.

Os botânicos têm a opinião de que o coqueiro procede do Sudeste Asiático ou de ilhas da Polinésia. Há ainda teorias de que a espécie *Cocos nucifera* seja americana, em especial caribenha, anterior à chegada de Cristóvão Colombo a essa região.

Teriam sido os europeus que introduziram o coqueiro na América, durante o período das grandes navegações – em particular os portugueses, no século XVI, no Brasil. Coube aos espanhóis, ainda no século XVI, introduzir a espécie em Porto Rico e na costa mexicana do Pacífico.

Mas às teorias que procuram determinar a rota do *Cocos nucifera* pelo mundo juntam-se regularmente novas leituras, novas interpretações que querem atualizar esse tema de relevância, o encontro do Oriente com o Ocidente e o patrimônio comum dos povos tropicais.

O caso do Brasil é especial, nessa ampliada compreensão em torno das palmeiras. Chamam-se vulgarmente de palmeiras as muitas e diferentes espécies nativas, como, em especial, a do gênero *Attalea*. Exemplos significativos são os coqueiros de babaçu ou guaguaçu, bacaba, buriti, caiaué, catolé, inajá, jauari, ouricuri, pupunha e tucumã, entre tantos outros. Nicolau Jorge Moreira, no seu *Dicionário de plantas medicinais brasileiras* (1941), informa sobre a existência de 24 gêneros e 112 espécies de coqueiros genuínos do Brasil.

A teoria das migrações oceânicas é ainda valorizada e aponta tais migrações como disseminadoras da expansão territorial do *Cocos nucifera*: as condições ecológicas tropicais, similares e favoráveis nas costas americanas, teriam possibilitado essa cultura, já que o coco pode, por um período de três meses, flutuar na água e, ao chegar à terra firme, germinar.

As relações comerciais decorrentes das grandes navegações organizavam os mercados de especiarias vindas do Oriente e a introdução sistemática de novas espécies vegetais. Inicialmente de uso medicinal, as especiarias e os frutos exóticos foram conquistando as cozinhas. Assim, novas plantas foram aclimatadas, tanto no continente europeu como no continente americano.

Outra hipótese para a disseminação do coqueiro, no período pré-colombiano, indica as possíveis migrações entre as ilhas da Polinésia e as Américas, visto que foi constatada a existência de espécies nativas do Oriente no continente americano.

Crê-se que foi a partir da primeira viagem de Vasco da Gama à Índia que Portugal tenha conhecido o *Cocos nucifera*.

Para os historiadores, o relato do Piloto Anônimo (Ferrão, 1993) equipara-se em importância aos relatos de Pero Vaz de Caminha. O autor desconhecido informa sobre as terras de Moçambique e destaca as palmeiras encontradas nessa costa africana, que dão um tipo de fruto semelhante ao melão, do qual se come o miolo. Moçambique se encontra na costa oriental do continente africano: é a costa do oceano Índico, porta histórica e comercial para o Oriente.

Outros relatos históricos apontam para a existência de uma palmeira – *Elaeis guineensis* –, nativa da África, que exibe cachos de coco (em média, quatrocentos cocos por cacho), na sua cor característica alaranjada: é a palmeira do dendê. Está integrada a diferentes sistemas alimentares e simbólicos de culturas do continente africano, onde assume, para vários povos, valores semelhantes aos do *Cocos nucifera*, pois também do dendezeiro tudo se aproveita, na alimentação, na arquitetura, na construção naval, na cosmetologia e nos diferentes rituais religiosos tradicionais. Entre os iorubás, sobressai o culto à árvore do dendezeiro, chamada de Igí opé, também dedicada ao orixá Ogum, entre outras divindades.

Entretanto, outras palmeiras tropicais juntaram-se ao dendezeiro para a formação de sistemas alimentares e usos econômicos para os povos africanos.

O Piloto Anônimo, em 1545, informa sobre a existência de um coco por ele já visto em Moçambique, nas proximidades da Ribeira Grande, na ilha de Santiago, em Cabo Verde. Nessa região, já haviam sido plantados coqueiros, que na época eram também chamados de "noz-da-índia".

Os muitos contatos comerciais com a Índia e outras culturas do Oriente possibilitaram aos portugueses ampliar o conhecimento sobre o *Cocos nucifera* e sua dispersão em muitas outras terras.

Contudo, antes do interesse dos navegadores portugueses pelo *Cocos nucifera*, era o valor comercial das especiarias, notadamente a canela e o cravo, que dominava o mercado.

Certamente, os lusitanos, graças a seus muitos contatos com os povos orientais, aprenderam a se servir do coco, especialmente como provisão para as suas embarcações. Cabe destaque, então, para a água do coco e sua capacidade de conservação por longos períodos.

O *Cocos nucifera* atenderia, com essa característica, a uma das primeiras necessidades dos navegadores, que era a conservação dos alimentos durante as longas travessias pelos oceanos. Acredita-se que as plantações de coqueiros tenham sido iniciadas ao longo das rotas das navegações, como uma ação organizada para manter provisões e incorporar definitivamente o coco à dieta dos navegadores.

O coqueiro já integrava o imaginário oriental como uma árvore da qual tudo se aproveita. Disso os navegadores tinham conhecimento e ampliaram seu uso para a tecnologia naval.

Além da água e da polpa do coco, as fibras das palmeiras passaram a integrar o acervo de materiais para os navegadores. A qualidade das fibras dos coqueiros possibilitou a feitura do "cairo" (com fibras do mesocarpo do fruto), de cordames e trançados especiais para serem usados nas embarcações, pois não se estragavam com a água do mar, além de calafetar os navios, entre outras utilidades.

Holandeses, ingleses e espanhóis seguiram a experiência portuguesa do aproveitamento ampliado do *Cocos nucifera* para a construção naval e para as provisões durante as viagens.

Ainda na saga da distribuição que acompanhou a rota dos navegadores portugueses, o coqueiro foi provavelmente levado de Cabo Verde, na África, para o Brasil, especialmente para a costa da Bahia.

Por isso, durante muito tempo, no Brasil, o *Cocos nucifera* foi chamado de "coco-da-baía".

Por sua saga do Oriente para o Ocidente pelos oceanos Índico e Atlântico, seguindo as grandes navegações e tudo o que decorreu do comércio, da expansão territorial e do fortalecimento de impérios, o nosso coco verde adquiriu um valor de testemunho de como o coqueiro se tornou importante nos contatos com as novas terras, com o Brasil.

Hoje, o *Cocos nucifera* está integrado ao nosso imaginário, à nossa compreensão de pertença, de território e de história.

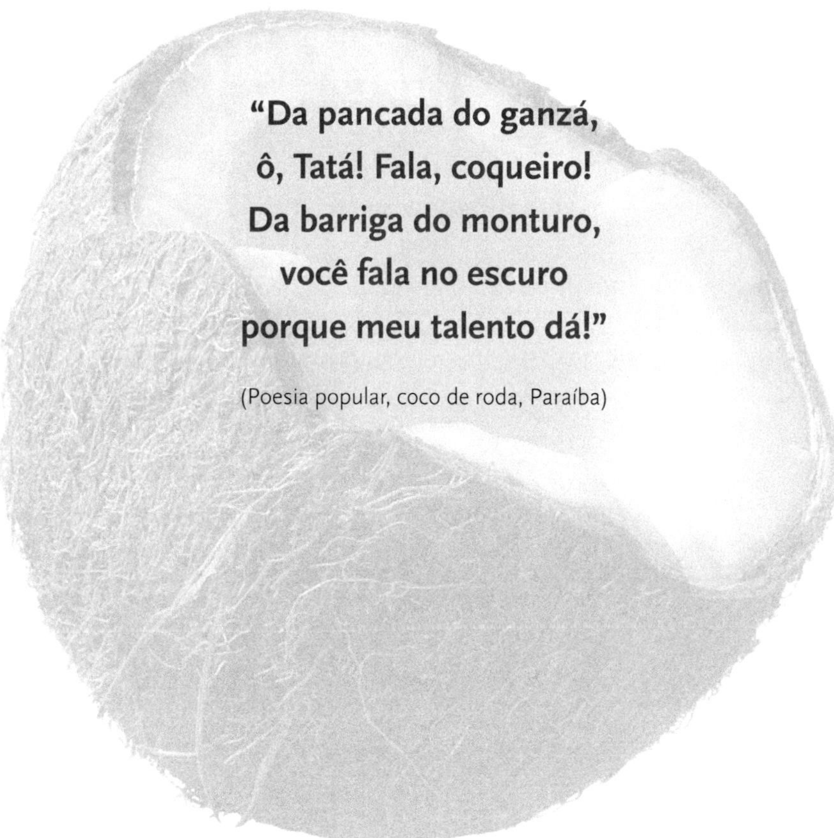

“Da pancada do ganzá,
ô, Tatá! Fala, coqueiro!
Da barriga do monturo,
você fala no escuro
porque meu talento dá!”

(Poesia popular, coco de roda, Paraíba)

Cultura do coco

Coqueiro é de todas as palmeiras a mais alta, ainda que haja mais de uma qualidade: a figura de seu fruto é oval [...] guarnecido de uma casca muito fibrosa e grossa [...] tem dentro uma massa alvíssima e de gosto que de alguma forma se semelha à amêndoa [...].

(Luiz dos Santos Vilhena, *Cartas de Vilhena. Notícias soteropolitanas e brasílicas*)

O *Cocos nucifera* é da família das palmeiras ou *Arecaceae*. Essa palmeira pode crescer até 30 metros de altura, e suas folhas pinadas atingem de 3 a 6 metros de comprimento. Há também variedades chamadas de coqueiro-anão, que chegam, no máximo, a 3 metros de altura.

O coco apresenta casca (ou mesocarpo) fibrosa, com endocarpo lenhoso e três poros de germinação na superfície exterior, percebidos após a retirada da casca. A germinação do coco se dá por um desses poros.

Tem alto rendimento: cada coqueiro produz em torno de 75 cocos por ano.

Sem dúvida, o valor econômico, social e cultural do coco é alto. Do seu fruto chegam a ser produzidos cerca de cem produtos – para a alimentação, a cosmetologia e a indústria de limpeza (em especial, o sabão de coco) – e até biocombustível.

O coqueiro é fundamentalmente cultivado para obtenção da copra (albúmen seco), da qual se extrai o óleo de coco, que tem inúmeras utilizações, restando o bagaço de copra, destinado à alimentação animal.

Em alguns locais, produz-se coco ralado a partir do albúmen e aproveitam-se as fibras do mesocarpo do fruto, que constituem o "cairo".

O principal consumo do coco se dá como fruta, destacando-se sua água, cada vez mais apreciada por seu sabor e suas propriedades nutricionais. O albúmen fresco, tão apreciado quanto a água, é tradicionalmente oferecido, em países geralmente não tropicais, em corrente contínua de água, visando manter suas características.

Segundo a Empresa de Pesquisa Agropecuária (Embrapa), as plantações das variedades gigante e mestiça do *Cocos nucifera* são responsáveis pela geração de 500 mil empregos diretos e indiretos. O plantio dessas variedades ocupa uma área estimada em 281 mil hectares no litoral do Nordeste (dados de 2005).[1]

O consumo dos produtos industriais a partir do coco seco é de 23 milhões de quilogramas (2005), especialmente o coco ralado, para uso culinário. O coco seco e verde tem uma produção média anual (2005) de 2 bilhões e 18 milhões de frutos, com uma média de 500 gramas por fruto. Do fruto verde, em 2006, foram produzidos 70 milhões de litros de água de coco (*ibidem*).

Segundo informações do Sindicato dos Produtores de Coco (Sindcoco), 35% da produção brasileira é absorvida pela agroindústria, com a produção de coco ralado e leite de coco, destinados às indústrias de alimentos (biscoitos, iogurtes, chocolates, sorvetes, na panificação e na confeitaria) (*ibidem*).

Muitos objetos artesanais nascem do coco com a inventiva popular, que reproduz e cria vários modelos, geralmente utilitários para a casa e a cozinha, além de objetos figurativos (animais, homens, mulheres e santos, entre outros). Para a casa, há o tão conhecido e necessário tapete, muitas vezes chamado de "tapete de coco" ou "capacho", e que nós, brasileiros, temos como indispensável. A maioria dos tapetes que usamos tem procedência indiana, pois na Índia são produzidos muitos objetos a partir do coco.

[1] Disponível em http://sistemasdeproducao.cnptia.embrapa.br/FontesHTML/Coco/ACulturadoCoqueiro/aspectos.htm. Acesso em 18-5-2011.

Ainda da casca do coco são aproveitadas as fibras, de variados comprimentos, para a fabricação de acolchoados para os assentos dos automóveis, além de escovas, pincéis e cordas marítimas, entre outros usos industriais.

As flores do coqueiro, ainda tenras, em botão, são comestíveis. Tradicional na Índia, em Kerala, é o popular *Pookkula lehyam,* comum na dieta pós-parto como comida revitalizadora. Da base das inflorescências obtém-se um líquido chamado "tuba" nas Filipinas e "sura" em Moçambique – como, aliás, se obtém o chamado "vinho de palma" ou "emu", seguindo-se a mesma técnica artesanal com o dendezeiro.

Os países que mais produzem *Cocos nucifera* são os da Ásia tropical, como a Índia, a Indonésia e as Filipinas. No cenário dos maiores produtores de coco, o Brasil ocupa o quarto lugar.

Fortalecido pela cultura do coco, o Brasil, no imaginário internacional e nacional, é reconhecido pelo seu extenso litoral de mais de 6 mil praias, território ao qual se confere a condição de "paraíso tropical".

Água de coco: um refresco tropical

Ao chegar ao Recife, guloso de cor local, um dos meus primeiros espantos foi justamente numa confeitaria "chic", o mate. Como não era "chic" pedir água de coco ou caldo de cana.

(Gilberto Freyre, "Um café para o Recife", em *Crônicas do cotidiano: a vida cultural de Pernambuco nos artigos de Gilberto Freyre*)

De tudo que o coco pode oferecer à mesa, destaco sua água, um verdadeiro néctar tropical.

Está pronta para ser consumida e, dessa maneira, promover saúde, prazer e sabor. Aliás, os prazeres do coco são muitos já a partir do fruto verde, ao se comer a "carne" *in natura* e viver essa experiência tropical. Contudo, na sua água está a maior utilização alimentícia do fruto. Essa bebida é reconhecida por suas muitas qualidades nutricionais. Gostosa, é para o imaginário um néctar do trópico.

A produção industrial da água de coco é oferecida em diferentes tipos de embalagens. A melhor delas, porém, é a da natureza, quando o próprio coco garante a qualidade, a conservação e o sabor ideal da água.

Essa verdadeira "água do paraíso" está cada vez mais disponível na indústria alimentar, mas a melhor é aquela obtida nos rituais à beira-mar. Experimentando na mão o volume e o peso do coco-verde, a textura da casca, a temperatura, farejando o odor delicado. Culminando todo esse misto de sensações, o paladar é ativado no primeiro gole, no primeiro buquê, que se abre na totalidade da boca.

Como se faz com os vinhos, com as cachaças, com as águas minerais, cada vez mais valorizadas pelos seus sabores, e com tantas outras bebidas, é preciso perceber as variações no gosto de cada água de coco. Pois em cada coco haverá uma água diferente. Nesse contato direto com a natureza, são oferecidas ao paladar diferentes oportunidades de sabor. Só assim a fruição da água do Paraíso será intensa.

Outro exemplo do uso industrial da água de coco está na preparação da nata de coco com carragenina (*Chondrus crispus* – alga avermelhada). A carragenina é estabilizante e clarificante de várias bebidas e é fundamental para a suspensão do cacau no fabrico do chocolate.

No imaginário popular, beber água de coco é o mesmo que "beber saúde". A água do coco possui altos teores de potássio, cloreto e cálcio.

Tabela nutricional da água de coco

Componentes	Unidade	Em 100 gramas
Água	g	94,99
Calorias	kcal	19
Proteínas	g	0,72
Lipídios totais (gordura)	g	0,2
Carboidratos (por diferença)	g	3,71
Fibras totais dietéticas	g	1,1
Cinzas	g	0,39
Minerais		
Cálcio	mg	24
Ferro	mg	0,29
Magnésio	mg	25
Fósforo	mg	20
Potássio	mg	250
Sódio	mg	105
Zinco	mg	0,1
Cobre	mg	0,04
Manganês	mg	0,142
Selênio	mcg	1
Vitaminas		
Vitamina C	mg	2,4
Tiamina	mg	0,03
Riboflavina	mg	0,057
Niacina	mg	0,08
Ácido pantotênico	mg	0,043
Vitamina B6	mg	0,032

(cont.)

Folato total	mcg	3
Vitamina B_{12}	mcg	0
Lipídios		
Ácidos graxos saturados	g	0,176
Ácidos graxos monoinsaturados	g	0,008
Ácidos graxos poli-insaturados	g	0,002
Colesterol	mg	0

Fonte: United States Department of Agriculture, Nutrient Database for Standard Reference, julho de 2001.

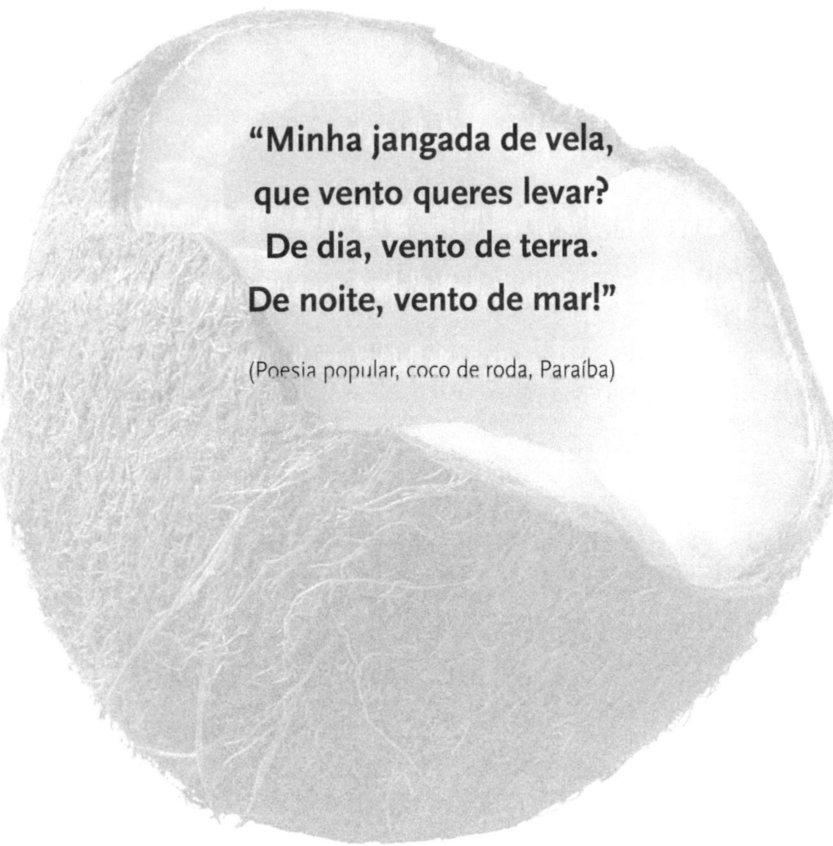

“Minha jangada de vela,
que vento queres levar?
De dia, vento de terra.
De noite, vento de mar!”

(Poesia popular, coco de roda, Paraíba)

DA ÍNDIA TROPICAL AO LITORAL TROPICAL BRASILEIRO

MUITOS ATRIBUEM À ÍNDIA a procedência do *Cocos nucifera*, e, durante muito tempo, no Brasil, essa fruta foi chamada de "coco-da-índia". A presença portuguesa em Goa (Índia) nos aproxima, histórica e culturalmente, do povo hindu, tão rico em tradições e religiosidade. Por tudo isso, a relação simbólica e culinária, entre a Índia e o Brasil, tem no coco um dos mais importantes temas de diálogo, presente nas receitas, nos sabores e nos significados.

Coco, um fruto sacrificial

O caju, fruto do litoral brasileiro, integrado à Mata Atlântica, simboliza sem dúvida o ideal de "fruta da terra" e identifica vasta região, compondo diferentes sistemas alimentares. Da mesma forma é o coco para o território tropical da Índia, na sua diversidade étnica e cultural. Por isso, o coco representa muitos momentos da vida do povo indiano, em especial suas manifestações religiosas e culturais.

Pode-se dizer que o coco, para as religiões tradicionais da Índia, é um fruto sacrificial, presente nos muitos e diferentes rituais, além de integrar vasta gastronomia de caráter identitário.

O fogo é aceso de maneira ritual e apresentado diante da imagem do deus Ganesha, aquele que tem corpo humano e cabeça de elefante.

A imagem de barro pintada é vestida para a festa. Um tecido laranja cobre a cintura do deus. Uma faixa de tecido verde complementa a imagem. Tudo é oficiado com a lamparina de fogo diante dos espectadores. Verdadeira purificação. Em seguida, pétalas de flores anunciam o caminho do cortejo da imagem de Ganesha, que vai percorrendo os ambientes sobre um pequeno andor até chegar ao local do clímax da celebração. É o ritual de sacrifício do coco para o deus. Inicialmente, o oficiante oferece o coco maduro, batendo-o com força sobre uma grande pedra, próxima e diante do altar de Ganesha. A água do fruto espalha-se pelo chão, e os pedaços de coco são recolhidos e colocados próximo à imagem do deus. Depois, todos os presentes repetirão o ato sacrificial de oferecer o coco como alimento e forma de comunicação com o sagrado.

O Tridente de Shiva, o Disco de Vishnu, a Flecha Flamejante de Agne, o Cetro de Kubera, o Arco de Vayu, a Flecha Brilhante de Surya, a Lança de Ferro de Yama, o Machado de Visvakarman, a Espada de Brahma e a Concha Varua são os atributos funcionais da deusa Durga, que, com seus dez braços e montada sobre um tigre ou um leão, é a representação plena da maternidade. É a guardiã da moral, da criação do mundo e do homem. O nome da deusa, em sânscrito, significa "força". Todos a creem Divina Mãe, também conhecida pelo nome de Parvati, quando esposa do deus Shiva; ela é a mãe de Ganesha e Karttikeya. Durga é a síntese do gênero feminino e recupera, como em outras mitologias, o caráter das grandes mães.

A deusa Durga recebe de seus devotos incenso, flores e frutas; presenteiam-na também com cocos maduros abertos. Mas o destaque são os cocos-verdes, ritualmente oferecidos no altar da deusa. Cada coco-verde é selecionado e colocado sobre um recipiente, feito de barro, cobre, latão ou outro material, que contém água limpa e fresca. O coco é coberto com um tecido nas cores branca e vermelha. Dessa forma, o coco, fruta abundante da região e que compõe inúmeros cardápios da cozinha indiana, é presença importante no altar e nos rituais da deusa Durga.

No exuberante ritual Vaerapathanullar, centenas de andores individuais são cerimonialmente conduzidos sobre as cabeças dos devotos para banhos purificadores nos rios. A devoção é confirmada perante os deuses nas demonstrações públicas integradas a esse cortejo, quando o oficiante procede ao ritual de abrir o coco maduro sobre a cabeça de outro devoto, por meio de uma ação de força, ou seja, pelo impacto o coco é aberto no topo da cabeça do devoto. A seguir, pó de cúrcuma é colocado sobre a testa do devoto. Assim, centenas de atos semelhantes repetem-se como verdadeira manifestação de fé religiosa.

Festas religiosas da Índia

As festas não param. É um *continuum*, e todos os momentos trazem o sentimento da renovação.

As festas são celebrações que marcam os ciclos cotidianos referentes ao plantio e à colheita, ao emprego de uma tecnologia tradicional, aos fenômenos da natureza, à vida e à morte. Os inúmeros deuses da cultura indiana, com suas características mitológicas, são lembrados coletivamente nas festas através dos rituais que atendem à necessidade da fé religiosa: Holi, Dussehra, Janmashtami, Hanuman Jayanti, Ganesh Charurthi, Eid-ul-Fitr, Muharram; Shivaratri, Buda Jayanti, Jamshed Navroz e Diwali, entre tantas outras celebrações hindus e tantas outras tradições religiosas que marcam a Índia como território multirreligioso.

O forte sentimento religioso da Índia invade os rituais sociais que buscam comemorar e trazer as memórias, centenárias e milenares, que unem o homem à natureza. Baisakhi, Pongal-Sankranti, Karwa Chauth, entre muitas, são expressões de fé, música, dança, arte e comida, que dão identidade a cada festa, como espetáculos de criação popular e tradicional.

Na Índia, as muitas festas ocupam o calendário de todo o ano e atendem às necessidades de representação coletiva de regiões, de povos e de diferentes segmentos sociais integrados aos complexos sistemas religiosos, políticos e morais. As festas, geralmente marcadas por cardápios especiais, combinam-se a jejuns e rituais – banhos sagrados, visitas aos lugares santos e outras ações – que reafirmam os papéis hierárquicos dos indivíduos nos seus grupos e nas suas tradições religiosas.

As festas celebram a própria Índia.

As memórias das festas, além de trazer os imaginários dos muitos rituais que organizam as cerimônias, os ciclos e os calendários lunar e solar, estão nas comidas especialmente preparadas como um momento de interação com o sagrado, com a história, com os costumes e as tradições.

Inicialmente, diferentes animais eram sacrificados aos deuses. Esses rituais sacrificiais foram substituídos por oferendas de flores, incenso e frutas, entre outras. Para substituir os animais e seu sangue, passou-se a oferecer coco.

O coco sacrificial é preparado, retirando-se a fibra que cobre o fruto, para então ser oferecido de diferentes maneiras aos deuses. Sobre o *Kalash* (pote), que deve conter água, é depositado o coco de maneira cerimonial, sendo integrado ao santuário. É uma forma de veneração à fruta que assume seu significado sagrado, atendendo assim às devoções e aos cultos religiosos.

No imaginário tradicional, o coco é relacionado à cabeça humana, o que é confirmado nas culturas populares de vários povos. No caso brasileiro, é comum ouvir: "– Fulano! Tire esse coco do sol!". É uma referência à cabeça. Essa analogia é uma ampliação do significado do *Cocos nucifera* em relação a sua forma.

Nas muitas tradições da Índia, a associação do coco com a cabeça humana possibilita representar que, quando a fruta é quebrada, o mesmo acontece, simbolicamente, com o ego.

Ainda sobre a morfologia do *Cocos nucifera,* que apresenta "três olhos" de germinação, considera-se que essas marcas representam os olhos de Shiva.

Calendários e comidas

Pongal

O primeiro exemplo está no Pongal, festival que dura três dias.

Bhogi-Pongal, o primeiro dia, simboliza a alegria. As pessoas visitam-se, trocam doces e presentes. Surya-Pongal é o segundo dia, o dia do Sol. Há o ritual do ferver o leite até transbordar, o que representa a fertilidade, e prepara-se o doce oferecido ao Sol e a Ganesh, em cuja receita se destaca a presença do coco, em especial o leite de coco. Mattu Pongal é o terceiro dia da festa, dedicado às vacas sagradas, e representa a mudança das estações e a colheita.

Garur Bihu

Festa dedicada à vaca, animal considerado sagrado na Índia. Todo esse dia é dedicado à limpeza e à ornamentação do animal. No final do dia, quem participou dos rituais celebra com uma refeição de arroz e doces, muitos dos quais preparados com coco.

Kani Kanal

Para garantir um bom ano, no seu início acontece a festa que celebra Vishu e compreende uma sequência de rituais.

É uma celebração que reúne diante da imagem de Krishna objetos e cores rituais, tais como tecido branco e dourado e arroz branco; frutas e frutos, como jaca, coco e pepino amarelo; e lamparinas acesas.

As comidas rituais fazem parte de um grande banquete (*sadya*), que reúne muitos pratos, devidamente organizados sobre a folha cortada da bananeira. São servidas aos participantes da festa comidas de coco, como *vellarikka pachadi* (legumes cozidos no óleo de coco e *curry*, temperados com coco ralado e sementes de mostarda, misturados com requeijão artesanal) e *parippu neyyum* (arroz e lentilha preparados no óleo de coco e *curry*, com pimentões e gengibre). Também há outros pratos, como *aval payasam* e *sambaram*.

Chhath Puja

Na festa para celebrar o deus Sol, os devotos vão até o rio Ganges para se banhar e realizar oferendas. O Chhath Puja ocorre após o Diwali, festival das luzes.

Integrados a esse ciclo festivo, como é tradicional, há sempre rituais de purificação e de organização dos espaços. Esses rituais acontecem nas casas, especialmente na cozinha com seus utensílios, para preparar o fogão e tudo o que é necessário à feitura das comidas (*prasad*) e dos cardápios rituais dessa festa que serão dedicados ao Sol, em particular as frigideiras e as conchas de metal. Essa limpeza – em que se utilizam cinza e casca de coco para polir os metais, que ficam brilhantes como os raios do Sol – consiste em importante ato cerimonial, tal como a própria preparação das comidas.

Dentre as comidas para o deus Sol, destaca-se a "pasta de arroz" acrescida de frutas secas e coco, com a qual se faz um tipo de bolinho chamado *laddoos*.

Ainda nessa festa são oferecidas, de maneira sacrificial, frutas da estação, coco, banana, laranja e uma lamparina de argila. Tudo é envolto por um pano tingido de cúrcuma e colocado dentro de um cesto que é levado ao rio Ganges.

As muitas cozinhas da Índia demonstram a diversidade e a variedade de receitas, de ingredientes e principalmente da tendência de ritualizar cada sabor, cada cor, cada odor, proporcionando assim grande interação entre o homem, o sagrado e a natureza.

Como exemplos dos muitos componentes de cardápios indianos, podem ser mencionados: *allá bellé* (crepes de coco), aranha de coco, arroz de Pullau, batica, berinca, bertalha com ovos escalfados, bolo gostoso, caranguejos recheados, caril de camarão, caril de caranguejo, caril de galinha, caril de peixe, caril doce ou caldinho, *catcotem* (legumes guisados), cocada, doce de baji, doce de grão, dodo, dodol, fisana de *nachenim*, *ganzi de mung dal* grelado, guardanapos, lampreia de ovos, mandares, *metim peze* (canja de alforba), molho de caril, neurêos, pão recheado, pinaca, queijadinha do céu, quiabos em sumo de coco, *suquem* de amêijoas, *suquem* de camarão e *xacuti* de galinha.

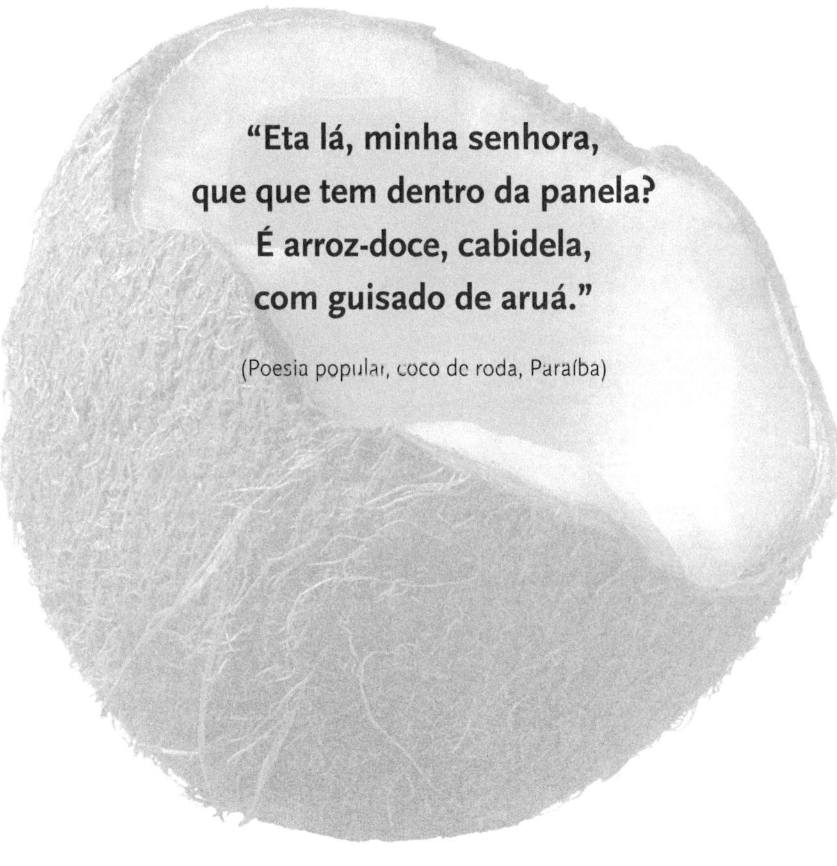

"Eta lá, minha senhora,
que que tem dentro da panela?
É arroz-doce, cabidela,
com guisado de aruá."

(Poesia popular, coco de roda, Paraíba)

BRASIL, COMIDA E TRÓPICO

As receitas de bolos e doces, de peixes ensopados com leite de coco, de requeijões e vinhos que nos transmitam a glutoneria dos engenhos [...] O Recife se requinta com tudo: na culinária como na arquitetura [...] Mas o bom pernambucano é que não se deixará facilmente desenraizar da mais fina tradição culinária do Brasil. É um paladar o seu enobrecido por cento e cinquenta, duzentos e até quatrocentos anos de feito de coco e de sabongo, de doce de caju e de vinho de jenipapo [...].

(Gilberto Freyre, "Tradições da cozinha pernambucana", em *Crônicas do cotidiano: a vida cultural de Pernambuco nos artigos de Gilberto Freyre*)

O SOL É O EMBLEMA DO NORDESTE, conhecido e reconhecido como região ensolarada, tropical, de beleza paradisíaca, de costa exuberante que alcança territórios verdes da Mata Atlântica, de plantações de cana-de-açúcar, de coqueiros nativos, como o buriti e a carnaúba, e de coqueiros exóticos, como o tão celebrado coco verde ou coco indiano – *Cocos nucifera*.

Águas de rios como o São Francisco, de açudes nos engenhos, de poços e cacimbas. Águas de mar, da pesca, dos alimentos que chegam das águas. Água de beber, de viver. Água símbolo, expressão civilizadora e heroica. E, certamente, nesse contexto das águas, água de coco.

Assim, estabelecendo convivências e conivências com ecossistemas tão diferentes, paisagens físicas e humanas, o nosso Nordeste é berço do processo de formação histórica e social do povo brasileiro – melhor dizendo, "Nordestes". Tal região mantém tradições, revelando características tão próprias e singulares de *ethos* construído por centenas de culturas indígenas, não menos diversas e civilizatórias que as africanas e as do colono oficial, lusitano, homem que no século XVI reunia nas mesmas ações o comércio e segmentos econômicos de muitos povos do Oriente.

Há uma geral e comum identidade que distingue o Nordeste das outras regiões do Brasil. São os sotaques no falar, são as escolhas devocionais, são as festas quase sempre religiosas, ora para os santos da Igreja, ora para os orixás, caboclos, ancestrais da terra e de além-mar.

É o Nordeste marcado, em especial, pela arte popular em barro, madeira, fibra e metal e por receitas que incluem das lagostas e siris ao bode, passando pelo caju, pelos doces, pela cachaça – e, nas áreas do litoral, uma extensa cozinha com coco.

Entender o Nordeste por meio de cores, cheiros, sons, gestos e, principalmente, de sabores, temperos, receitas e fazeres culinários é a melhor maneira para entender um povo e uma cultura que expressam toda brasilidade.

Sabores de coisas do mar. De carne seca e salgada ao sol, jerimum com jabá, buchos de bode recheados, galinhas guisadas no próprio sangue, mão de vaca. De alfenins muçulmanos, brancos e doces; de sucos de graviola, manga e pitanga; de doces em calda de jaca, goiaba e banana, tão doces como os em pasta, de caju e buriti; de bolos, muitos bolos, pudins, manjares, refrescos, aluás; de pimenta-da-costa, dendê, óleo de coco; de frigideiras e frituras com peixes, ovos, sururus, farinhas muitas. De feijoada acrescida de legumes. De feijão-bravo-mata-cabrito, feijão-chicote, feijão-chinês, feijão-da-índia, feijão-da-praia, feijão-de-boi, feijão-dos-caboclos, feijão-fradinho, feijão-mulatinho e tantas outras leguminosas cozidas com carne de boi e de porco, com linguiças, com temperos de pimentas frescas, geralmente servidas com farinha de mandioca, seca, fininha, branquinha, como são as mais apreciadas na região.

Bundas de tanajuras fritas são uma iguaria, considerada petisco especialíssimo. Arrumadinhos são adaptações dos chamados "pratos feitos", reunindo feijão-de-corda e carne de charque desfiada, e culminando com farofa-d'água; para completar, apenas uma boa regada de manteiga de garrafa.

Caldas de cravo e canela, rapaduras; queijos (cru e cozido); pé de moleque, amendoim cozido; cuscuz, muitas vezes regado com leite de coco e coco ralado; inhame; frutas frescas (jambo vermelho ou branco, catolé, pitomba, pinha, maracujá); pirões de leite, canjicas, mungunzás, inclusive os de beber, que misturam leite de gado vacum e leite de coco – são sabores do litoral, das matas e do sertão.

Açúcar que te quero doce

Doce, açúcar da cana sacarina, já conhecida muito antes da chegada dos portugueses ou dos mercadores árabes ao Oriente.

Os portugueses, nos primeiros anos que se seguiram ao descobrimento do Brasil, trocavam objetos com os indígenas. A necessidade de fundar feitorias em pontos estratégicos levou-os a fixar os primeiros colonos para reunir produtos da terra. Assim, construiu-se o canal de Itamaracá, em Pernambuco, no ano de 1515, que uniu o interesse do rei de Portugal para enviar um mestre de açúcar e o material necessário para fundar um engenho, experimentar a cultura da cana e a produção de açúcar.

A cana-de-açúcar chegou para ocupar as terras da Mata Atlântica, legando lençóis verdes à extensa área do que chamamos Nordeste.

O apogeu do ciclo canavieiro ocorreu no século XVII, quando havia, em 1627, 230 engenhos que produziam em torno de 2 milhões de arrobas de açúcar no Nordeste.

O esplendor da vida no Nordeste, em função da economia do açúcar, atraiu a cobiça dos holandeses. Maurício de Nassau, homem de ciência, projeta o açúcar do Brasil na Europa. Era tanta a importância do produto no mercado que algumas palavras em português, como "mascavo" ("não refinado", "mulatinho") e "marmelada" ("marmalade") foram incluídas na língua inglesa.

> Há os doces com grande número de admiradores não só numa região como num país inteiro. O doce de coco é um deles, no Brasil.
>
> (Gilberto Freyre, *Açúcar: em torno da etnografia e da sociologia do doce no Nordeste canavieiro do Brasil*)

Em sua obra, Gilberto Freyre ressalta a importância do açúcar nas receitas, assim como das frutas nativas e daquelas que foram adotadas na mesa brasileira, muitas vezes na forma de doces em calda, sucos e sorvetes, entre tantas outras. Dessas frutas, sem dúvida, a presença do coco se amplia nos doces e em muitos outros usos culinários. Muitas das receitas tradicionais de arroz-doce, por exemplo, foram tropicalizadas com o leite de coco e com o coco ralado.

Açúcar, iguaria por si, combinado com frutas, especiarias. Doces, muitos doces que atestam momentos históricos, legados étnicos. Representações das casas senhoriais, das opções populares, dos diferentes ritos de passagem: batizado, aniversário, casamento. Os doces acompanham a vida, trajetórias individuais e de sociedades, construindo identidades, compondo – com a arquitetura, a pintura, a escultura, a música, a dança e a indumentária – acervos patrimoniais de igual valor e que singularizam o homem nordestino.

Os doces assumem estéticas próprias. São formatos, texturas, cores. Exigem acessórios, como papel fino rendado, louça, fôrmas de metal – estrelas, meias-luas, animais, flores –, que atribuem um valor ao alimento que vai muito além do paladar, muito além do ato de nutrir o corpo.

Para o Nordeste, o doce é um símbolo ancestral que determinou comportamentos e maneiras de ser.

> [...] toda essa influência indireta do açúcar no sentido de adoçar maneiras, gestos, palavras, no sentido de adoçar a própria língua portuguesa [...].
>
> (Gilberto Freyre, *Açúcar: em torno da etnografia e da sociologia do doce no Nordeste canavieiro do Brasil*)

A civilização dos bolos fez da região um território de iguarias cotidianas, de uma parte, e elaboradíssimas, de outra, com receitas algumas secretas e familiares, um verdadeiro roteiro sentimental e gastronômico da sociedade nordestina. Bolo 13 de Maio, bolo brasileiro, bolo de bacia de Pernambuco, bolo de rolo, bolo de são Bartolomeu, bolo do mato, bolo dos namorados, bolo engorda marido, bolo frito do Piauí, bolo Guararapes, bolo Souza Leão, bolo Tia Sinhá.

Doces que reúnem frutas: doce de abricó, doce de araçá, doce de guabiraba (ou guabiroba), doce de jaca mole, doce de jerimum, doce de laranja-da-terra, doce de ubaia (ou uvaia), doce de umbu; compota de cidra ou cidrão; compota de limão e laranja. E que trazem no nome um apelo visual aliado ao gosto, como baba de moça, beijos, beijos de cabocla, beijos de dondon, lacinhos de amor, mimos, pudim quero mais, queijadinhas de iaiá, quindins, sonhos de cará e sonhos de freira, entre cremes, sorvetes, biscoitos, geleias e outras delícias que só o Nordeste do açúcar poderia preservar, adaptar e criar para a nossa civilização.

Os doces nordestinos, na maioria, encontram-se no litoral e na Zona da Mata, e há ainda os das áreas agrestes. Contudo, no sertão, por questões ecológicas e pela determinação de ingredientes, os doces são pontuais – pontualmente sertanejos, mais severos, aliados de uma vida marcada por gibão de couro, de natureza mais seca, assim como o comportamento da população regional.

Exemplo de doce sertanejo é o chouriço, doce à base de sangue de porco e temperos, cuja receita foi tema de etnografia no sertão do Seridó, Rio Grande do Norte.

Para fazer o chouriço, várias famílias são mobilizadas em um verdadeiro ritual coletivo. Cabe aos homens escolher e matar o porco, e depois sangrá-lo. As mulheres e as crianças preparam o doce selecionando especiarias, como cravo, canela, pimenta-do-reino, gergelim, erva-doce, e os complementos, como rapadura – diluída em água, transformando-se em mel de rapadura –, e castanhas de caju. O sangue do animal, que é a base do chouriço, as especiarias e o mel de rapadura são colocados em um tacho e passam por um longo processo de cozimento. Quando essa mistura começa a "despregar" do fundo do tacho, o doce está pronto. Acrescentam-se a ela as castanhas de caju. Come-se o chouriço com farinha de mandioca. A carne do porco e as suas vísceras são preparadas para as refeições que acontecem durante o longo processo de preparo do chouriço.

Com açúcar refinado ou mascavo e coco, prepara-se um dos pratos mais tradicionais da doçaria regional, o "sabongo", chamado em Pernambuco de "baba de moça". Ele é feito com a polpa do coco verde cortado em tiras e uma transparente calda de açúcar – é o ancestral da cocada.

Doces das casas feitos com receitas antigas, verdadeiros documentos que passam por gerações. Doces transmitidos pela palavra – oralidade. Doces dos conventos de Portugal, doces das freiras que continuaram nas receitas familiares. Doces das festas religiosas, alguns devocionais, para pagamento de promessas; é a fé pela boca. Doces dos mercados, das confeitarias, dos restaurantes. Doces do Nordeste, doces autorais, assinados pela história, pelo costume.

Cozinha, a invenção da casa

> Serviram-nos leite de cabra puro, que, com os comestíveis que havíamos trazido, constituiu excelente almoço. Ao meio-dia ofereceram-nos deliciosa sobremesa de coco verde.
>
> (Daniel Parish Kidder, *Reminiscências de viagens e permanência no Brasil, Províncias do Norte – 1839-1840*)

As cozinhas antigas e tradicionais da região são verdadeiros conventos dedicados à arte da comida. Seus espaços generosos estão geralmente integrados aos quintais. Armários para guardar temperos, utensílios. É lugar de muita gente. Essas cozinhas matriarcais do Nordeste têm uma vocação para desenvolver tecnologias artesanais para o preparo da comida: peneirar, ralar, escorrer.

> A cozinha das casas-grandes de Pernambuco pode-se dizer que nasceu debaixo dos cajueiros e se desenvolveu à sombra dos coqueiros, com o canavial sempre de lado a lhe fornecer açúcar em abundância; e perto – na água do mar, na do rio, na das lagoas, no mangue, na horta, na mata – quase ao alcance da mão da cozinheira o melhor pitu do mundo (o pitu do rio Una), a cavala perna-de-moça, a cioba [...] o sururu, o curimã, o carapeba, o araçá, o jenipapo, a manga-jasmim, o maracujá [...].
>
> (Gilberto Freyre, *Açúcar: em torno da etnografia e da sociologia do doce no Nordeste canavieiro do Brasil*)

Regionalmente, as cozinhas – espaços dentro e fora da casa, lugares onde cotidianamente se mantêm hábitos culinários, laboratórios de receitas, de processos, de sabores onde também são estabelecidas relações sociais – assumem valores arquitetônicos próprios. Em suas instalações, são revelados utensílios, fogões, fogareiros, trempes, potes para água e móveis especiais como as bancas de potes.

Cozinhas sertanejas, dentro das casas, quase sempre com fogões à lenha, utensílios básicos para o preparo de carnes, feijões, queijos; cuias para as farinhas, muitas vezes reciclagem da casca do coco seco.

Elementos decorativos também distinguem as cozinhas do Nordeste. São toalhas de papel fino recortado – papel rendado –, com desenhos que materializam o barroco popular e recobrem as prateleiras. Os motivos da arte do recorte de papel recuperam antigas memórias de Portugal e outros temas já nacionais, tropicais, como o caju e os coqueiros.

Açucareiros, muitos, variados no material e na procedência. Alguns antigos, como o borrão (isto é, com pigmentação azul borrada na porcelana branca) de Macau. Outros, de porcelana inglesa ou chinesa. Há ainda os de vidro, de folha de flandres e de ágata (ou ágate), entre outros materiais.

Louças variadas, de barro cozido ou vitrificado. Panelas, assadeiras, alguidares, quartas, quartinhas, quartinhões (utensílios maiores que as quartas e as quartinhas e que comportam até 20 litros de água), porrões, copos, pratos e travessas. Peças metálicas de alumínio, ferro, cobre, latão ou folha de flandres reciclada. Peças de madeira: colheres, tábuas, misturadores de feijão e gamelas; cuias de meias cabaças e de cocos; peneiras de taquara – urupemas – quadradas, redondas, grandes, pequenas, de tramas largas e de tramas próprias para separar leite e raspas de coco.

> Parece que nas melhores cozinhas do Nordeste predominou, nos tempos coloniais, a panela de barro, contrastando esse primitivismo com a fartura de porcelana do Oriente e até bules e vasos de prata nos aparadores e guarda-louças das salas de jantar.
>
> (Gilberto Freyre, *Açúcar: em torno da etnografia e da sociologia do doce no Nordeste canavieiro do Brasil*)

O gosto de cada lugar

> [...] nosso paladar vai-se tristemente desnacionalizando. Das nossas mesas vão desaparecendo os pratos mais característicos: as bacalhoadas de coco, as feijoadas, os pirões, os mocotós, as buchadas.
>
> (Gilberto Freyre, *Crônicas do cotidiano: a vida cultural de Pernambuco nos artigos de Gilberto Freyre*)

Em vasta área do litoral, o óleo de dendê ou azeite, o quiabo, as pimentas frescas e secas e principalmente o coco celebram as moquecas, os carurus e os vatapás, como é na Bahia.

Sergipe, terra de doces – especialmente o de mangaba em calda, o de leite, os sequilhos, os biscoitos finos, quase hóstias que derretem na boca – que têm gosto e estética femininos, próprios de um fazer quase religioso. E ainda as balas de coco e as cocadas de diferentes formatos, comercializadas à beira das estradas que levam para o litoral.

Peixes, camarões frescos feitos no coco, popularmente conhecidos como "de coco", caldeiradas, peixadas, pirões são ocorrentes por todas as cidades que fazem com os produtos do mar uma lista sempre criativa na elaboração de novos pratos.

Alagoas, de costas tão verdes e transparentes, oferece pelo mar e pelas lagoas cardápios que se integram aos seus coqueirais. O sururu, molusco da região da lagoa Mundaú, é um manjar quando preparado ao coco ou como fritada. Seu caldo, também à base de leite de coco, serve como abrideira de refeições, juntamente com uma boa cachaça.

Ungido pelas praias tropicais e doadoras de lagostas é o Ceará. Terra das tão célebres receitas servidas de diferentes maneiras, especialmente ao molho de coco: peixes, camarões, lulas, polvos e, em especial, lagostas.

Outro prato identitário para o Ceará é o baião de dois, que tem o mesmo significado que o acarajé para a Bahia. Ele reúne arroz, feijão e queijo de coalho. Tudo é cozido junto, dando liga. Certamente, seu nome é alusivo ao trio de ingredientes que se integram profundamente, como o trio instrumental de zabumba (tipo de bombo), triângulo e sanfona, que acompanha o gênero musical chamado baião.

O Maranhão é uma terra amazônica em ecologia e cultura. Tem forte presença africana, com os fons-ewe, da costa africana ocidental, como acontece com os iorubás na Bahia. A comida tradicional maranhense é à base de camarões e outros produtos do mar. Comparecem o dendê e outros óleos comestíveis. Na doçaria, o leite de coco.

As receitas identitárias de São Luís, a capital do estado, como o cuxá e o cariru, podem ser acompanhadas de bolas feitas de fubá, que ajudam a equilibrar os sabores dos pratos condimentados, como ocorre com o acaçá na cozinha afro-baiana.

Os doces rituais estão presentes no período da festa do Divino Espírito Santo, em especial na cidade de Alcântara, com um doce chamado doce de espécie – tipo de queijadinha de coco. Nessa festa, é tradição servir o chocolate preparado com leite, ovos, cravo, canela, leite de coco e açúcar, batido com as mãos em grandes alguidares de barro.

As pastilhas, tipo de balas de açúcar, com sabores como queijo parmesão, chocolate, leite e hortelã, embaladas em papel fino, colorido e recortado, são indispensáveis nas comemorações das casas ou dos terreiros minas-jeje e minas-nagô. Essas pastilhas integram as mesas de doces elaboradamente decoradas de papel crepom, papel laminado, papel de seda, tecidos e madeira.

Emblemática é a carne de sol, amaciada no leite e acompanhada de pirão e farofa-d'água. Se o cardápio for tradicional, o pirão será de leite.

As peixadas, também acompanhadas de pirões enriquecidos de caldos e temperos onde está presente o leite de coco, confirmam os sabores do litoral.

Em Pernambuco, combina-se o que vem do mar, do sertão e, em especial, das áreas dos canaviais. Terra do doce. Terra dos bolos, alguns nobres como o Souza Leão e o de rolo. Terra do doce de banana em rodelinha, conhecido como "doce de puta"; do doce japonês, vendido pelos ambulantes, nos sabores amendoim, batata-doce, castanha de caju e coco.

Nas padarias pernambucanas, encontram-se variedades de bolachas e biscoitos. O tareco – biscoito muito popular, aproveitamento das massas de diferentes bolos – é servido normalmente para acompanhar o cafezinho. As bolachas compõem uma categoria de biscoitos, geralmente achatadas e redondas. Tradicionais em Pernambuco são as bolachas soda, sete folhas ou sete camadas, e a praieira, feita de coco. Cabe destaque, também, para os pães doces com cobertura de coco ralado. São pães em diferentes formatos e tamanhos, acrescidos de creme, frutas cristalizadas e goiabada.

Tão doces e ricos são a Paraíba, o Ceará e Pernambuco, com suas rapaduras, em diferentes estilos e temperos: rapadura com erva-doce, rapadura com coco, mel de engenho, bolos. Com seus pratos à base de coco, peixes e camarões, delícias do mar.

Ganhando terras onde o sol domina e dita suas regras, temos áreas agrestes e sertanejas, tão presentes na formação e na construção da culinária regional de uma vasta área litorânea. No sertão, o sol ajuda a combinar os sabores das carnes, caprina e bovina, e dos peixes de rios e açudes.

Aqui, sobressaem as farinhas de mandioca e de milho, que formam a base alimentar e os hábitos de comer, e, em especial, o cuscuz, que pode ser doce ou salgado e se junta a muitos ingredientes. Tradicional é o cuscuz de milho adoçado e enriquecido com leite de coco. Também há o cuscuz de massa – massa de mandioca –, feito com coco ralado e leite de coco.

Coalhadas, manteigas, queijos de coalho, queijos de manteiga, para diferentes usos, estão no café da manhã com cuscuz de milho e coco, assim como a tapioca recheada com coco ralado. A macaxeira cozida, regada com manteiga de garrafa, e o arroz de leite, que poderá ser acrescido de leite de coco e cravo, também fazem parte do desjejum sertanejo.

Feira, um lugar especial

> Escolher os produtos na feira
> é seguir os rituais que atestam a qualidade dos ingredientes: o coco seco, por exemplo, é escolhido pelo som que faz quando é balançado na mão. Deve-se ouvir o som da água para se assegurar da sua qualidade para o consumo.
>
> (O autor)

A feira nordestina é um encontro sempre renovado, geralmente aos sábados.

Tudo há na feira: rapadura batida; rapadura comum; farinha especial, que se mistura aos caldos de carne e de peixe ou com leite e com feijão, para ser comida em casa ou em muitos outros lugares.

Feira para saber as notícias do povo, do pessoal lá do sertão, dos sítios e das fazendas, para levar e trazer encomendas, reencontrando parentes e amigos velhos, e fazendo novos.

Feira para divertir com o coco de embolada, repentes cantados com acompanhamentos de ganzá e pandeiro. Os cantadores, com suas violas, apresentando-se em duplas, recitam e cantam sobre temas medievais, como Carlos Magno e os Doze Pares de França, temas regionais, como Lampião e Padre Cícero, e temas atuais. São trovadores que, sob o sol forte, atualizam as histórias, fazem críticas com humor e mantêm públicos fiéis, que vão comprar seus produtos na feira e, ao mesmo tempo, comparecem a esse espetáculo da rua.

Feira é lugar de fazer "feira" – seleção de alimentos, objetos variados que nutrirão a casa, a família, geralmente pelo período de uma semana. Assim, novamente na próxima feira repete-se o ciclo ritualizado das compras, dos encontros, dos novos produtos.

A feira tem uma trajetória que remonta à Idade Média e mantém o vigor de ser sempre atual, útil, comunicadora entre áreas do litoral, do agreste e do sertão.

Boas receitas para fazer

> A folha de bananeira de são Tomé, de uso frequente no Nordeste para envolver produtos de coco, de mandioca, de arroz e de milho, será talvez efeito da intrusão africana: contágio do complexo negro da bananeira [...] Na tapioca de coco, chamada molhada, estendida em folha de bananeira africana, polvilhada de canela, temperada com sal, sente-se o amálgama verdadeiramente brasileiro de tradições culinárias: a mandioca indígena, o coco asiático, o sal europeu, confraternizando-se em um só e delicioso quitute sobre a mesma cama africana de folha de bananeira.
>
> (Gilberto Freyre, *Casa-grande & Senzala*)

São muitas as receitas que utilizam o coco. Veremos algumas, bem tradicionais, na maioria familiares, transmitidas no ofício diário das cozinhas, na leitura de cadernos manuscritos e na experimentação em que se atenta para o gosto e, assim, vive-se inteiramente o ato tão humano que é o de fazer comida.

Arroz-doce, beiju de mandioca, bolinho de goma, cocada de batata de umbu, cuscuz de mandioca, manuê de milho, manuê na folha de bananeira, tapioca, tapioca molhada – eis algumas do vasto inventário de receitas tradicionais à base de coco, retomadas cotidianamente, num verdadeiro exercício culinário. Na sua prática, vive-se uma parcela significativa do patrimônio cultural da região. Por isso, são exemplos vivos do patrimônio cultural do Nordeste, considerado, mas ainda não "registrado", como patrimônio imaterial (Convenção da Unesco, 2000).[2]

É a "tapioqueira" que realiza o ofício tradicional de fazer tapioca.

Nas cidades, nas feiras, nos mercados e em muitos outros lugares, está a tapioqueira realizando as receitas identitárias da região, como também assim faz a baiana vendedora de acarajé, a "tacacazeira" e outras representantes da cozinha regional. A tapioqueira é, sem dúvida, uma grande difusora da comida de coco: a tapioca tradicional tem na sua receita o coco ralado, embora também se faça tapioca apenas com a goma, para ser comida com manteiga que derrete sobre a massa branca.

Nesse verdadeiro *fast-food* popular, estão as tapiocas secas, mais rápidas de serem feitas e consumidas. São preparadas sob o olhar do freguês, e certamente cada culinarista deixará sua assinatura no sabor, distinguindo-se dessa forma as autorias – como, aliás, acontece com o acarajé, o abará, a cocada, o bolo e tantos outros quitutes que nascem de uma habilidade que se pode chamar de "mão de cozinha".

No *fast-food* da tapioca, veem-se muitas novas interpretações, em especial nos recheios. A massa é a mesma, e o processo também; mas, assim como aconteceu com a *pizza*, os sabores podem ser os mais diversos: tapioca com chocolate, tapioca com leite condensado, tapioca com charque desfiado, tapioca com doce de leite e com tudo o mais que a inventividade possa trazer para o consumo.

[2] Disponível em http://unesdoc.unesco.org/images/0015/001502/150224por.pdf. Acesso em 19-7-2011.

FESTAS, UM BOM TEMPO PARA SE COMER

Certamente, o melhor bolo é aquele do qual você participa,
nem que seja com o dedo indicador para retirar a massa da tigela.
Massa crua, saborosa, que traz memórias,
segue para o forno e vira finalmente o bolo.
É posto para esfriar, e então o glacê,
essa mistura de açúcar refinado e sumo de limão,
vai tornando branca aquela massa de farinha de trigo, ovos, leite...
É o meu bolo de aniversário.

(O autor)

FESTEJAR É QUASE SINÔNIMO de comer bem. O convite para uma festa já implica o oferecimento de comida – comida especial, comida de festa – e determina também que há fartura, muitas opções de pratos, salgados e doces, bem como de bebidas. A avaliação de uma festa, muitas vezes, dá-se pelo que foi oferecido como banquete, repasto, rega-bofe.

Mesas de doces, geralmente enfeitadas, onde os bolos são os mais decorados e confeitados. Generosas travessas de arroz-doce e de canjica, detalhadas e marcadas por desenhos feitos com ferro quente sobre camadas de canela. As louças são especiais, as mais finas; compoteiras de cristal exibem as frutas em calda; e gamelas de madeira abarrotam-se de espigas de milho cozido. São muitas as opções para ver, celebrar e gostar.

No Nordeste, o tempo do carnaval ferve. É suor e cerveja bem gelada. Os alimentos são de preparação rápida: é o império dos sanduíches, dos churrasquinhos de rua, da tapioca, do acarajé.

Nessa região, há também um doce próprio da festa do carnaval, que é o filhós. Doce revigorante, que dá "sustança" ao folião, num passo ou outro do frevo, para gingar em quase transe atrás de maracatus, bois, La ursa (cortejo carnavalesco que tem um personagem caracterizado de urso); para o coco de roda e a umbigada; para seguir os trios, blocos e afoxés. Assim é o reinado nordestino de Momo, o Rei Guloso.

A Semana Santa nordestina é um período em que se come muito bem. É quando a tradição familiar recomenda, entre outras delícias, as receitas com dendê (vatapá, feijão-de-azeite, efó), as frigideiras de peixe, de bacalhau ou de camarões, e também o arroz, o feijão e o peixe ao coco.

As "festas de largo" nascem das comemorações dos santos, os mais populares. É quando as cozinhas itinerantes, as barracas, a música e a dança atraem multidões.

As barracas tradicionais na cidade de São Salvador são criativas, exibem pinturas e iluminação peculiares, cobrem-se de folhas de coqueiro que dão um clima festivo. Os pratos são servidos em mesas comunitárias, locais privilegiados para os encontros e para cultuar santos e suas festas, como Nosso Senhor do Bonfim, Nossa Senhora das Candeias (em 2 de fevereiro), santa Bárbara e Conceição da Praia. Nessas festas, celebra-se também a união dos santos da Igreja com os orixás do candomblé. É um estilo afro-baiano de viver a rua, a praça, o largo de igreja.

As vendas de tabuleiro, com as tão conhecidas baianas de acarajé, ampliam as opções das "festas de largo", oferecendo cardápios tradicionais que estão no gosto do público.

Junho é um momento especial para todo o Nordeste e a região Norte. Mês dos bois, do forró e do baião; das quadrilhas e das procissões; das ladainhas e das novenas; das festas nas ruas e nas casas, para celebrar os santos Antônio, João e Pedro. De bolo de milho, mungunzá; bolo de macaxeira, bolo pé de moleque; cocadas. De fé que se dá pela boca do devoto, que fica perfumada de cravo e canela.

Famosas são as comemorações em Campina Grande, na Paraíba. São centenas de grupos de quadrilha que exibem coreografias, indumentárias e novos estilos de comemorar, por meio das danças, a fé religiosa. Também há centenas de barracas que oferecem comidas de milho e coco, comidas identitárias das festas de junho.

Tudo confirma a fé nos santos que os portugueses trouxeram e a alma popular regionalizou, reinventou em devoção, em divertimento coletivo e principalmente nas comidas.

Fogos, balões, fogueiras. Muitos licores. Os de jenipapo são os preferidos. Comidas de milho, como a canjica e a pamonha. Pois junho é tempo da colheita do milho, das espigas douradas que lembram o sol, o fogo da fogueira de são João.

Fogo de purificar, que renasce nos rituais das folhas verdes de pitangueiras e bananeiras oferecidas nas próprias fogueiras. Lembranças de cultos pré-cristãos retomados na religiosidade nordestina e em âmbito nacional, para os tão celebrados santos de junho.

Os arraiais, lugares especiais onde ocorrem as festas, são ornamentados com folhas de coqueiro e de bananeira, e com bandeirinhas feitas de papel fino ou de seda. Lanternas e outros objetos feitos de papel recortado compõem a estética dessa festa, que busca trazer o imaginário do mundo rural.

Os grupos de bumbás (ou boi-bumbás e bumbá-boi), bois do Maranhão, exibem a invenção e a permanência de um barroco popular nas roupas de veludo ricamente rebordadas, com cenas de santos – em especial, são João. Os bumbás também louvam são Pedro e são Marçal. São centenas de grupos de bois pelo Maranhão. Em São Luís, os personagens – boi, amo, caboclo e vaqueiro – desenvolvem enredos que se integram aos prédios coloniais azulejados, às ruas centenárias.

As festas de junho são aguardadas por milhões de brasileiros que desejam celebrar de diferentes maneiras suas devoções, pessoais e coletivas. Nessa comunicação com o sagrado, certamente o milho e o coco unem-se em paladar e imagem de devoção.

No Natal, a religiosidade é ampliada com as manifestações de reis, reisados e mais bois; guerreiros, folias de reis, marujadas e pastorinhas – autos dramáticos com enredos que louvam o nascimento do Menino Deus. Algumas dessas histórias vieram da Idade Média e foram regionalizadas, receberam influência da forte presença das matrizes africanas. Como em todas as festas, há muita comida. Louva-se e, ao mesmo tempo, comem-se rabanadas ou fatias de parida e outras comidas próprias desse ciclo.

Para beber o carnaval

> Bate-bate com doce eu também quero [...]
>
> (Verso de Alex Caldas, que integra o hino da agremiação carnavalesca Pitombeiras dos Quatro Cantos de Olinda)

Bate-bate de pitanga, de maracujá, de caju; cachaça pura; cerveja gelada; muita água de coco; água de bica, mineral. Carnaval!

A cachaça é uma bebida tradicional do mundo masculino, consumida pura, acrescida de folhas e raízes ou misturada com frutas e açúcar.

Alguns nomes conferem à cachaça intimidade e afetividade. Entre muitos outros nomes regionais, é conhecida, em Alagoas, como juçara, jurupinga e negrita; na Bahia, amorosa, azeite, caxixi, crua, meu-consolo e *omin-funfun* ("água branca", em iorubá); em Sergipe, porongo, sinhazinha e santinha; em Pernambuco, fruta, imaculada, lindinha, maçaranduba, moça branca e patrícia; na Paraíba, sumo de cana e suor de alambique; no Ceará, azulina, bagaceira e baronesa; no Rio Grande do Norte, campestre e cauim.

Com a cachaça, faz-se o bate-bate, que pode ser de coco, com o leite da fruta. Pode-se acrescentar ainda coco ralado e também leite condensado para adoçar mais a mistura. Nessa mistura de cachaça e coco, consegue-se um drinque tradicional e popular.

É comum usar água de coco para acompanhar uísque ou outros drinques, que podem ser feitos com essa "água do paraíso", com o leite e a com a polpa do coco.

O bate-bate é bebida de rua oferecida em litros. Pelas cores se conhece o tipo de bate-bate: amarelado ou quase laranja, é o bate-bate de maracujá; na cor verde, é o de limão; branco, é o de coco. É bebida de esquina, de "buteco", de rua. Combina-se às comidas também de rua, que no carnaval oferecem "de um tudo" neste *fast-food* popular.

O frevo de rua, o empurra-empurra, o mela-mela, o roça-roça, o suor invadindo a realização de prazer. Carnaval democrático, sem ingresso ou arquibancada, sem cronômetro para a alegria. É assim o carnaval de rua de Olinda e Recife. Certamente, animado pela alegria dos foliões e pelas centenas de litros de bate-bate que são consumidas.

Um dos mais notáveis estilos do carnaval é o passo como dança e o frevo como música, que marcam o carnaval de Pernambuco e são considerados patrimônio nacional.

São muitos os tipos de frevo. O frevo de bloco, mais lento e de característica romântica. O frevo de rua, que arrasta multidões, tendo como base uma orquestra de instrumentos de sopro de metal. Para marcar a qualidade musical, essas orquestras realizam o que popularmente é chamado de "abafa" – abafar o som da orquestra concorrente – ou o frevo "coqueiro", que é executar as melodias em notas altíssimas, tão altas como as copas dos coqueiros.

De novo, voltamos ao coqueiro como referência do imaginário regional, pois o *Cocos nucifera* é um de seus símbolos, ao qual se recorre para traduzir e representar fatos e momentos da cultura regional.

O carnaval do Recife é o carnaval ligado às matrizes africanas. É uma continuidade dos preceitos, das obrigações religiosas dos terreiros chamados de xangôs, que, por meio das agremiações, saem à rua. As calungas – bonecas – são os orixás Oxum, Iansã e Xangô e recebem, em cada desfile e em cada carnaval, uma renovação do axé das suas nações.

A Nação Leão Coroado e a Nação Elefante são exemplos de maracatus de baque virado. O desfile é formado pelas cortes, com seus reis e rainhas, as alas de baianas, as damas do passo, as quais carregam as calungas, e os batuqueiros, que são os músicos instrumentistas.

Tudo é festa de rua. Há uma espécie de alegria ingênua manifestada com grande criatividade e o desejo coletivo de viver intensamente os dias de carnaval.

Sem dúvida, as bebidas estimulam e socializam a alegria da festa para as multidões. Seguindo a tradição, o bate-bate impera, como também a cerveja e a "purinha", cachaça de diferentes tipos. Contudo, nessa folia com tanta energia, recorre-se cada vez mais à boa água de coco, consumida na rua e adquirida nas inúmeras carroças de vendedores ambulantes que oferecem esse néctar revitalizante.

A fé com sabor de coco

> Em todos os sistemas alimentares,
> existem as interdições de comidas e de ingredientes.
> Na Semana Santa, celebração cristã, não é diferente.
> É o tempo de peixe e de tudo que venha do mar,
> do rio, do mangue e dos açudes.
> É proibido comer carne, especialmente carne vermelha, que tenha sangue,
> pois o alimento lembra o corpo, em sacrifício,
> do Filho de Deus.
>
> (O autor)

O carnaval foi celebrado na rua. Agora, a Semana Santa é a celebração da casa. Embora as procissões e outros cortejos estejam nas ruas, nas praças e nos adros das igrejas, vive-se, nesse ciclo que aponta para a fé e os costumes dos cristãos, o sentido de agregar a família para realizar um banquete simbólico.

Nas mesmas ruas e com as mesmas pessoas, fazem-se anualmente os rituais coletivos do carnaval e as cerimônias da paixão e morte de Cristo.

Tudo é teatralizado, pois a comunicação é imediata e profundamente emocional. Personagens, roupas, cenários, música, texto falado, cenas que trazem um imaginário do Oriente Próximo, dessa região do mundo – a Palestina – conhecida na iconografia dos livros, dos filmes, dos vídeos. Os grupos teatrais encenam seus repertórios em circos, palcos e ruas; mobilizando os mesmos olhares que acompanharam a passagem dos clubes de carnaval e a evolução das quadrilhas de são João, entre muitos outros eventos e rituais coletivos.

O ciclo da Semana Santa integra o Sábado de Aleluia e a Páscoa, e é precedido pelo período da Quaresma. Segue um calendário móvel, como acontece também com o carnaval. O Sábado de Aleluia, com o Judas, precede a festa da Páscoa. Nesse ciclo, cabe destacar a Sexta-Feira Santa, dia em que, segundo os hábitos, é vedado o consumo das carnes bovina, caprina, suína e ovina, bem como de seus subprodutos: presuntos, embutidos e fiambres, entre outros.

A família à mesa

A Semana Santa aponta para a sexta-feira, chamada de dia da Paixão de Cristo. Essa lembrança se dá à mesa, com cardápios de peixes, especialmente o bacalhau, entre outras opções do mar, quase sempre acompanhados de leite de coco ou de azeite de dendê – aliás, como dizem os baianos, comidas de azeite.

Sem dúvida, a Semana Santa é um importante momento em família para viver e celebrar hierarquias e papéis estabelecidos nas relações de casa e de amizade. Reuniões à mesa promovem a feitura de pratos variados e orientados pelo explícito tabu alimentar relativo à carne vermelha; daí o hábito de comer peixe na Sexta-Feira Santa, costume que é ampliado para todas as situações cotidianas e marca os cardápios semanais, de modo que todas as sextas-feiras ficam consagradas como dias dedicados aos produtos do mar. Isso acontece nas casas, nas feiras, nos mercados e nos restaurantes. Então, é comum, nos cardápios de sexta-feira, encontrar peixes em diferentes receitas.

Em virtude das reuniões familiares na Sexta-Feira Santa, há um cuidado todo especial nos cardápios, relembrando receitas, revivendo pratos populares e tradicionais da região, criando ou adaptando outros: peixe ao coco, sururu ao coco, arroz e feijão-de-leite (isto é, leite de coco); vatapá, peixes em moqueca, ensopados de camarão e ostras; escaldado de peixe, frigideira de camarão, frigideira de siri; bobó de camarão, arroz de camarão; moqueca de siri-mole; pirões; bacalhau ao coco e em diversas maneiras de se fazer. Nesse amplo cardápio das comidas com coco da Semana Santa, um dos pratos mais emblemáticos desse ciclo que é o bredo ao coco.

Doces variados completam os momentos de viver os sabores e de preparação para o Sábado de Aleluia, seguido da celebração da Páscoa.

Embora a Sexta-Feira Santa traga para os cristãos momentos de reflexão, acompanhada por muitos de jejum, agregam-se a essa data, com certeza em virtude de um feriado, verdadeiros banquetes familiares nos quais se come e se bebe muito.

Onde os banquetes continuam: o Sábado de Aleluia

É uma tradição popular da península Ibérica, que chegou com o colono português, ganhando adesão e formando costume em todo o Brasil, o ritual do Judas que inicia o Sábado de Aleluia.

Bonecos feitos de materiais reaproveitados representam o personagem Judas, aquele que traiu Cristo, e são castigados todos os anos, em ritos populares de intenso caráter lúdico, no Sábado de Aleluia.

Os bonecos ficam expostos em locais públicos, aguardando o momento do ritual, de que geralmente participam crianças e alguns homens adultos, os quais vão projetar um imemorial sentimento violento de revolta contra o símbolo do mal, sustentando a ética cristã que diz: o bem sempre vence. Os judas são destroçados com paus, pedras e fogo. Às vezes, fogos de artifício ampliam a cena com efeitos especiais, num verdadeiro espetáculo de catarse coletiva.

Desde o Brasil colonial, a tradição do Sábado de Aleluia é ritualizar o Judas como representante da culpa do mundo, marca de forte integração entre a Igreja Católica e as populações das cidades. O boneco é também um instrumento de críticas e sátiras – de alcance local, de bairro, ou mais gerais e de interesse coletivo, nacional e mesmo internacional – organizadas em textos colocados nos bonecos que são conhecidos como "testamentos dos judas".

Após o ritual do Judas, inicia-se outro, o da "aleluia" (celebração festiva na qual o bem vence o mal, ou seja, Deus vence o demônio, e quando então é aguardada a chegada da Páscoa).

Antônio, João e Pedro

São João está presente em Portugal e em muitos outros países da Europa, bem como no norte da África e no novo mundo.

São João expressa-se nas virtudes das ervas, das águas; do fogo, por meio das fogueiras; dos banhos, abluções; e das muitas práticas divinatórias e propiciatórias, relacionadas especialmente ao casamento.

São João é antes de tudo um santo casamenteiro, às vezes, brejeiro.

> Orvalhadas, orvalhadas, orvalhadas.
> E viva o rancho das mulheres casadas!
>
> (Poesia popular, Portugal)

São João, pela razão bíblica, traz ao colo o cordeiro divino [...] pois ele considera-se um Santo pastor [...] ele aparece associado a elementos pastoris: nas cascatas ele vem sempre acompanhado de um rebanho [...] Este duplo caráter de São João casamenteiro e pastoril corresponde de certo modo aos dois sexos.

(Ernesto Veiga de Oliveira, *Festividades cíclicas em Portugal*)

O sentido divinatório para o casamento é mais endereçado às mulheres; o pastoril, aos homens.

S. Mamede te levede.
S. Vicente te acrescente.
S. João te faça pão.

(Poesia popular, Portugal)

Em Portugal, por toda parte, vive-se uma festa pública e coletiva para são João, especialmente no Porto, equivalente à de santo Antônio, em Lisboa, e são Pedro nos portos e litoral.

Bailaricos repetem-se em todos os locais, acompanhados de fogueiras, desfiles, marchas e venda de ervas aromáticas, além de reuniões em torno das ceias, compostas basicamente de cabrito ou anho assado, com batatas e arroz de forno. Nos céus, fogos de artifício e balões, que iluminam noites e amanheceres das vésperas do santo, marcando o dia do seu aniversário.

Alegrai-vos, raparigas,
e mais toda a nossa gente,
que são João está no céu,
gozando glória eminente!
Raparigas, cantai vitória,
pois são João está na glória!

(Poesia popular, Portugal)

No caso brasileiro, como em Portugal, os muitos rituais dessa festa trazem sensações, ora pela comida farta e variada, ora pelas abluções nas águas. Como exemplo, ocorrem rituais em Corumbá, Mato Grosso do Sul, que reúnem dança, canto e cortejo, e culminam nas águas do rio Paraguai.

São João, no seu ritual pantaneiro, reforça ancestralmente cultos pré-cristãos, lembranças de Dionísio, que agitam um amplo e rico inconsciente comum a todos.

Andores ficam nas salas, aguardando o momento do passeio-procissão, geralmente na noite de 23 de junho, com seu ponto alto na madrugada de 24 de junho. Cada andor exibe uma imagem de são João sobre montagem de papel, madeira, tecido e fitas, todos emblematicamente de cores branca e vermelha, além de flores de papel, tecido e plástico.

O santo, no seu andor, chega num passeio-procissão festivo até o porto grande. Lá a imagem e os devotos recebem a água que nutre o corpo e o espírito. Água nacional, brasileira, simbolicamente do rio Jordão.

São dezenas de andores que chegam dos cultos particulares, alguns vividos por muitas gerações, trazendo anualmente o santo para o seu banho.

Toda festa, todo ritual pantaneiro em louvor a são João encontra na água uma voz comum. Há, aí, uma fixação do cotidiano, dos barcos, da pesca, de um olhar ecológico atento, vívido e que deseja a promoção e a proteção de um santuário natural de magnitude para o patrimônio do Mato Grosso do Sul. Está na água um símbolo germinal, símbolo divino de João.

A fé coletiva dos cortejos-procissão em louvor a são João também se vale de andores domésticos, que vão percorrer as ruas e visitar as casas, para vivenciar o "acorda povo". Trata-se de um ato de religiosidade popular do Nordeste, em especial de Pernambuco, cujo significado é o de despertar o santo na véspera do seu aniversário. Assim, para pagar promessa ou mesmo continuar uma tradição familiar, o "acorda povo" acontece na madrugada, com música vocal e instrumental que tira do sono, principalmente, os moradores da área em que ocorre esse ritual.

Nas visitas do "acorda povo", os participantes que chegam às casas devem receber comida e bebida, especialmente canjica e outras comidas de milho e coco.

As celebrações continuam com as fogueiras, pois, nacionalmente, são João é íntimo do fogo, e acender fogueiras é um ato sacrificial. Nessas fogueiras, também se preparam alguns alimentos, como milho e batata-doce assados. O significado do fogo é ampliado em fogos de artifício que iluminam o céu para comemorar o santo.

Ainda na compreensão nacional da festa de são João, duas comidas são comuns, independentemente da região: cocada e paçoca, preparada com amendoim e açúcar. Também é muito popular é o bolo de milho e coco.

Nesse ciclo festivo, a comida ganha significado de presente, e é comum oferecerem-se doces. Travessas e pratos generosos de canjica polvilhada de canela onde se podem ver alguns desenhos, pilhas de pamonhas, doces e salgadas, bolos de milho e de milho com coco, e lelê de milho, entre outros, são trocados entre vizinhos, amigos e parentes, em especial no Nordeste.

Na região Norte, na vasta área amazônica, também o ciclo junino atrai milhares de pessoas. São festas públicas dos chamados "bumbás", grupos de boi, com características peculiares, que reúnem, em cada agremiação, milhares de participantes. Notáveis são os grupos de boi que convergem com grande adesão popular para o "Bumbódromo" em Parintins, no Amazonas.

Nos autos dos bumbás, na área amazônica, há uma recuperação do imaginário do índio da região: incorporam-se ao auto os personagens chamados de caboclos, que são muitos e de diferentes características e funções no desenvolvimento dos enredos dos bumbás. Geralmente as caboclas usam cocar, punhos e tornozeleiras enfeitados com penas; a caracterização é complementada por duas peças: a superior, com dois meios cocos polidos, e a inferior, tanga com aplicações de sementes, contas e penas.

Todas essas celebrações retomam antigas memórias que unem o homem aos elementos fogo e água. São verdadeiramente rituais da fertilidade. São formas estéticas de expressar a criação e a devoção popular. Nesse cenário, sem dúvida, as comidas do ciclo devocional são tão importantes quanto outras manifestações, que todos os anos são coletivamente vividas.

Um Natal popular

> Remoçando os cajueiros,
> de verdes frutos que exornam,
> e seus preciosos mimos
> nos campos vastos entornam.
>
> (Poesia popular pastoril, Bahia)

Do século XVI, provavelmente dos autos vicentinos, em Portugal, o teatro sacro católico, louvando o nascimento do Menino Salvador diante dos presépios no interior das igrejas, ganhou o mundo.

Chegou ao Brasil e ficou brasileiro em temas, em jeitos de ser, traduzindo tropicalmente personagens do inverno europeu para o verão nacional, tempo de frutas carnudas e doces – manga, caju, graviola, jambo, abacaxi, banana e coco. Tempo das praias cheias. Tempo das misturas de festas de Natal, Ano-Novo e os preparativos para o carnaval.

Nesse Natal – que, embora quente, num calor de quase 40 °C, insiste em frutas secas, vinho tinto e frituras, como as fatias de parida (também chamadas de fatias-douradas ou rabanadas) –, dão-se os pastoris, com seus enredos, e outros grupos de rua, louvando, rindo, rezando, visitando casas, como se fossem os três reis magos do Oriente em peregrinação votiva para anunciar e presentear o Menino Deus que nasce e o povo que vive.

As jornadas são as cenas que contam histórias, sempre adaptadas, acrescidas de temas atuais, uma verdadeira revista dos acontecimentos políticos, sociais e econômicos do ano. É um momento para criticar, satirizar e criar situações cômicas, para traduzir desejos coletivos. Desejos de ver no palco personagens e assuntos geralmente proibidos pelo senso comum ou por outras formas de censura de diferentes intensidades, que vão da religiosidade até as preferências políticas.

Assim é o Pastoril de Ponta de Rua, um teatro social para o tempo de festa, que apresenta, diferentemente dos outros pastoris, quase sempre autos devocionais diante de presépios, enaltecendo o nascimento do Menino, desenvolvendo enredos mais familiares e, por isso, mais domésticos. Nas salas, nas varandas, nas casas, ganhando também a praça pública, esses autos pastoris recorrem até ao presépio ao vivo, formado por pessoas caracterizadas, criado por são Francisco de Assis.

Nesses autos domésticos e familiares, após o ritual do pastoril, em geral são servidas comidas e bebidas: bolos e outros doces, notadamente os feitos de carimã e macaxeira, temperados com cravo, canela e leite de coco; os tradicionais licores de frutas; frutas cristalizadas; biscoitos, bolachas e sequilhos, nos quais, mais uma vez, impera o coco.

Além das pastoras, os elencos são acrescidos de anjos, borboletas, pássaros, ciganas, jardineiras, a lua e as estrelas, todos formando cenas de Belém e orientados pela estrela-cometa que rememora o ritual ancestre dos astros, da natureza.

As invenções e recriações das culturas populares vão encontrar no Natal um dos mais importantes temas para teatro, música, dança, culinária e artesanato, em variados rituais que encarnam fé e alegria.

Eram os bailes pastoris com diferentes enredos, tais como o Baile da Aguardente, o Baile da Lavadeira e o Baile dos Mouros, expressões de teatro dançado e cantado, aproximando motivos regionais no caso da Bahia. Ainda na Bahia, os ternos pastoris, cortejos de rua que acontecem até hoje no Dia de Reis, exibindo alegorias totêmicas, como o galo e o peixe, que vão louvando à moda afro, ao som do bom samba de roda, bem miudinho, bem mexido nas cadeiras.

Pastoris de meninas, crianças, acontecem nas casas, nos colégios, nos clubes, diante das igrejas. Constituem uma verdadeira ópera tropical, em recitativos que tratam das diferentes homenagens ao Menino que acabou de nascer em Belém.

É discutível o uso dos rótulos "pastoril profano" e "pastoril religioso", pois ambos transitam no sensual e no sagrado, ambos são manifestações para divertir e louvar o Deus Menino.

> As moças são maravilhosas,
> lindas e formosas,
> frescas como a aurora.
>
> (Poesia popular pastoril, Pernambuco)

O Velho do Pastoril é o mestre de cerimônia, o animador. Ele é geralmente o dono do pastoril, que comanda o teatro na rua, na esquina, na praça movimentada, no chão ou sobre tablado. O pastoril é organizado em dois cordões, o encarnado e o azul, mediados por um personagem híbrido, a Pastora Diana, que ostenta as duas cores. O público geralmente torce e vibra pelo o partido escolhido, que se notabiliza pela dança, pelo canto e pela beleza das pastoras.

O tempo do Natal é amplo e regionalmente diverso. As manifestações de teatro tradicional interpretam os temas locais, vão abrasileirando os enredos ibéricos. O mesmo acontece com as comidas, também organizadas segundo os cardápios ibéricos e que vão se tropicalizando no tempo do alto verão.

As receitas que celebram o Natal "pelas ceias" ganham características locais e regionais, substituindo cada vez mais os ingredientes e pratos europeus. Tradicionalmente, os mais frequentes são ingredientes e pratos à base de castanhas cozidas, frutas secas (como avelãs, nozes e amêndoas), passas de uva e de tâmara, damascos secos e assados gordurosos, todos acompanhados de vinho tinto, e as tão tradicionais rabanadas, que também podem ser regadas de um bom vinho moscatel.

Diferentes bolos, pastéis especiais, como os "pastéis de festa", são pratos saborosos e que trazem o inverno europeu para o verão brasileiro, pois o mês de dezembro, no trópico, é época de intenso calor e da celebração do Natal.

Mas os ingredientes e cardápios buscam harmonizar-se com a oferta de frutas da época, como caju, manga, abacaxi, melancia, jambo e coco. A feitura de doces, sorvetes, sucos, recheios e coberturas de tortas ou o acompanhamento dos assados vão revelando a tropicalização da ceia do Natal.

O amplo e diverso cenário em que se tropicaliza a ceia de Natal reflete o imaginário dos ambientes tropicais, geralmente o litoral, as praias, os coqueirais, o sol, e as comidas frescas repletas de frutas.

O divino sabor

A celebração do Divino Espírito Santo é no Domingo de Pentecostes, data integrada a um calendário cíclico, como acontece com o carnaval e a Semana Santa. Esse tradicional costume de devoção religiosa foi trazido pelos imigrantes açorianos, portugueses.

No Brasil, as maneiras de celebrar o Divino são muitas e ganham características regionais.

As comemorações incluem cortejos de rua, missas, ladainhas e muita, muita comida: a Festa do Divino é uma manifestação de fartura e de amplos rituais de comensalidade.

Um dos mais importantes temas da festa religiosa, certamente, está na comida oferecida. Os cardápios regionais concentram-se na carne bovina e suína, na quantidade de arroz e de tudo que possa formar refeições comunitárias. Há também os doces: de frutas da época, de leite, de abóbora, de abóbora com coco, e de mamão com coco, entre outros. Nos doces estão importantes expressões de identidade e de referência à devoção. Por exemplo, o doce de espécie, uma receita de tradição açoriana, ganha nas celebrações do Divino, no Maranhão, uma nova e tropical adaptação de ingredientes, destacando-se o coco. Além do doce de espécie, há também outras comidas tradicionais do Maranhão, como o arroz de cuxá, a torta de camarão e as pastilhas.

Na Festa do Divino, fazer e oferecer comida são também pagamento de promessa. Nesse aspecto, destacam-se as doceiras, as boleiras e outras especialistas na arte de trabalhar com açúcar.

Essa celebração de fé e festa de base cristã, no Maranhão, mescla-se com a mitologia dos voduns de Benin e ganha novas dimensões religiosas com os rituais de matriz africana. São os reinados ou impérios que rememoraram cortes e personagens de uma hierarquia europeia ampliada com as memórias de reinos africanos, especialmente de Abomey, de Benin.[3]

As festas acontecem nos terreiros minas-jeje, nas igrejas, nas casas, recuperando memórias dos colonos açorianos e das tradições africanas. Nas celebrações que acontecem no tradicional terreiro Casa das Minas – Querebetã de Zomadonu (nome em língua fon-ewe, do Benin, que identifica a referida casa) – são lembradas, por meio do ritual do Divino, as histórias da princesa Agotime, que, segundo Pierre Verger,[4] foi a fundadora do referido terreiro, que está em São Luís há mais de dois

3 O modelo de realeza vigente, chamada na tradição da festa do Divino Espírito Santo de impérios ou reinados, é uma interpretação e apropriação formal e estética do que se compreende a partir de diferentes imaginários de procedência europeia, e certamente o império brasileiro foi determinante nesse processo.

4 Essa e outras informações etnográficas do Benin foram dadas ao autor em conversas e encontros com o fotógrafo-etnólogo francês Pierre Verger na Bahia.

séculos. O terreiro, tombado como patrimônio nacional, é um dos mais importantes monumentos da diáspora africana nas Américas.

Além das muitas celebrações do Divino em São Luís, há em Alcântara as grandes festas com o império[5] e os cortejos.

Da ilha de São Jorge, no arquipélago dos Açores, procedem as espécies ou doces de espécie, que ganham esse nome em virtude das especiarias que integram suas receitas. Hoje, na ilha de São Jorge, o doce de espécie é uma receita à base de açúcar, canela, noz-moscada, erva-doce, limão, água e pão ralado, que é a farinha de rosca. O nosso é à base de coco, um tipo de bom-bocado.

A doçaria açoriana é rica, pois no processo histórico da civilização do açúcar essa região foi escolhida para se plantar cana sacarina. Assim, entre outros pratos, integram-se à doce mesa açoriana coscorões, rosquinhas de aguardente, olvidados, bolos de véspera, cavacos, queijadas de leite, bolos de coalhada, bolos São Jorge, arroz-doce, fofas faialenses, bolos levedos dos Açores, barrigas-de-freira, maminhas de freira. Essas receitas dos Açores foram ampliadas em outras, nessa forte cultura do bolo que marca a doçaria brasileira. Biscoitos, pães e roscas também formam uma confeitaria reconhecidamente portuguesa integrada a nossos hábitos alimentares.

Nessa dinâmica do doce, como se vê em Alcântara, da receita "de espécie" ou "doce de espécie" procedente dos Açores permaneceu apenas o nome e a intenção de distingui-lo como doce legítimo da festa: o doce de espécie da festa do Divino Espírito Santo identifica, promove, celebra e fortalece a fé coletiva.

5 O império, nesse caso, é um espaço, geralmente a sala de uma casa, organizado para receber a corte que celebra o Divino Espírito Santo, contendo mesas de doces, destacando-se o doce de espécie. Esse doce marca e identifica todo o ciclo da Festa do Divino.

Receita do doce de espécie de Alcântara

Ingredientes

2 cocos, 2 xícaras (chá) de açúcar, 2 xícaras (chá) de farinha de trigo, óleo, sal e água.

Modo de fazer O recheio é um tipo de cocada feita de coco ralado, açúcar e água. Tudo é cozido junto até se conseguir a consistência desejada, o ponto. Com farinha de trigo, óleo, sal e água, faz-se uma fina massa, da qual se recortam discos que serão recheados com o doce de coco. Então, leva-se ao forno. Costumeiramente, esse doce de espécie tem a forma de tartaruga ou de flor.

O COCO NA COZINHA DE MATRIZ AFRICANA

O milho vermelho é bem cozido
e temperado com azeite de dendê ou com cebola.
Esses ingredientes são colocados num utensílio de
barro, geralmente um alguidar.
Então, tiras generosas de coco seco são dispostas
sobre o milho, quase cobrindo integralmente esse
cereal americano, *Zea mays*, que está tão presente
na mesa afrodescendente.
Com milho e coco, faz-se o axoxó, comida de Odé,
o caçador, que é o orixá Oxóssi, orixá provedor.

(O autor)

Celebrações afrodescendentes

NO AMPLO E DIVERSO CALENDÁRIO das festas brasileiras, há forte e decisiva presença de culturas africanas, ora mais próximas da Igreja Católica, ora cumprindo os rituais mais originais que relembram os povos e os costumes do macrogrupo banto, que está na área africana centro-atlântica, do iorubá e do nagô, que estão no golfo de Benin, ou da Guiné, na área ocidental, e da costa oriental, em Moçambique.

As festas, no Brasil, cumprem importante papel na socialização, fazendo com que milhares de grupos cumpram anualmente seus ritos, comemorem a colheita ou o dia de um santo, relembrem a coroação do rei do Congo, com as congadas de Minas Gerais, realizem cortejos dramáticos no carnaval, como o maracatu do Recife, e vivam o boi ou bumbá com indumentárias de veludo rebordado, no Maranhão, sempre marcando tais celebrações com farto oferecimento de comida.

Há total identidade entre festa, natureza, formas produtivas e econômicas. A festa é um momento privilegiado da comunidade para lembrar, comemorar, criticar, satirizar e buscar, em elementos sagrados, a união e a expressão de todos os sentimentos, significados mais profundos e verdadeiros de pertença.

A máscara, a roupa e a música fazem renascer motivos ancestrais, mitos fundadores, incluindo-se aí cada indivíduo no seu papel, coparticipando de corpo e alma, com o preito e a devoção, no mundo ali representado, no mundo da festa que transcende o cotidiano.

Festejar diante de santuários, como o do Bonfim, ou do mar, dentro do mar, nas procissões do Bom Jesus dos Navegantes; nas ruas, nas casas ou nos terreiros minas-jeje e minas-nagô do Maranhão, para louvar o Divino Espírito Santo; na congada e no moçambique, dançados na rua para homenagear Nossa Senhora do Rosário e são Benedito. No dia de são João, tomar banho de cheiro ou banho-cheiroso no Pará. Nos terreiros, reviver o ciclo da colheita do inhame, e comemorar o orixá caçador, Oxóssi, no dia de Corpus Christi, o orixá Iansã, no dia de santa Bárbara, e o orixá da criação do mundo e do homem, Oxalá. Todas essas celebrações públicas sempre culminam com o oferecimento de cardápios especiais. É uma forma de fortalecimento dos laços sociais e dos compromissos diante do sagrado. Arroz, feijão, carne, angu de milho; doces, bebidas e muito mais confirmam todos esses momentos socializadores.

Nas festas de são Cosme e são Damião, em âmbito nacional, o oferecimento de doces (artesanais e industriais) coincide com a marcante presença da cocada, um verdadeiro doce-símbolo dessa festa, semelhantemente ao tradicional caruru de Cosme, na Bahia.

Muitas festas são tradicionalmente vinculadas às organizações políticas e históricas, como aquelas que vêm das irmandades religiosas de homens negros, de homens pardos ou de homens de cor.

As primeiras irmandades do Rosário foram as do Rio de Janeiro, de Belém e da Bahia. A do Rio de Janeiro data de 1639; a de Belém, no Pará, de 1682; e a de Salvador, na Bahia, de 1685. No Recife, em Pernambuco, a primeira irmandade é a do Salvador; mais tarde, ainda em Pernambuco, foram criadas as irmandades de Olinda e de Igarassu. A de Parati, no estado do Rio de Janeiro, é de 1722; a de Vitória, no Espírito Santo, de 1765; as de Laguna e Florianópolis, em Santa Catarina, foram respectivamente criadas em 1745 e 1750.

Em Minas Gerais, Goiás e Mato Grosso, as irmandades ampliaram as devoções para outros santos – santos exclusivos de "negros" ou santos para os "pretos", como eram conhecidos, e assim identificados no longo processo escravagista: santa Efigênia, santo Elesbão, santo Antônio do Cartegeró, entre outros, tinham seus altares, seus rituais e suas procissões. Marcam presença também autos dramáticos, música, dança, indumentárias, enredos e diferentes maneiras de expressar e de interpretar, nas datas dos oragos de cada irmandade, as manifestações de fé católica – adaptadas às interpretações populares, reveladoras de estilos e lembranças de povos, de culturas da África.

Havia irmandades exclusivas de homens; outras, de mulheres; ou exclusivas pelo tipo de nação, notadamente identificadas pelas línguas africanas. Assim, existiam as irmandades de São Benedito, para os homens, e de Nossa Senhora da Boa Morte, para as mulheres.

Hoje, quando os maracatus do Recife relembram os reinados e as cortes africanas, também relembram as antigas irmandades. Bandas de congo, cacumbis, congadas, folias de são Benedito, moçambiques, taieiras, ternos de congos, ticumbis, entre muitas outras, chegaram também das irmandades dos homens negros e pardos. E assim vivem até hoje as festas nas ruas, como uma maneira de representar fé e religiosidade afrodescendente.

São milhares de grupos que movimentam comunidades e celebram anualmente, com a dança, a comida e a música, os motivos para a valorização religiosa e devocional, mantida muitas vezes por tradições familiares que encontram na própria festa os sinais mais reveladores de sua identidade, de sua autoestima.

A devoção a Nossa Senhora do Rosário e, mais tarde, a devoção a são Benedito levaram, no século XVIII, as irmandades a ocupar uma extensão quase nacional, criando-se capelas e igrejas para a congregação das populações escravas, o que proporcionou aos ladinos e mulatos "certa liberdade" para realizarem seus cortejos, festas, devoções públicas e reinados (isto é, lembranças dos reinados africanos) e seus "ganhos", atividades comerciais e públicas, em especial para venda de comida, desenvolvidas geralmente por mulheres em condição escrava.

O ganho era uma atividade notadamente feminina. Era uma verdadeira extensão da cozinha colonial, na qual se adaptaram receitas ibéricas, muitas do Magreb, no norte do continente africano. No Brasil, as receitas foram também tropicalizadas com as possibilidades dos ingredientes nativos, com destaque para a mandioca, o milho, os feijões, as pimentas, e das frutas orientais, como a jaca, a graviola, a fruta-pão e o coco. Com esses ingredientes, surgiram pratos que se consagraram na mesa brasileira e formaram os paladares que identificam as regiões e os segmentos étnicos.

Ajeum da Boa Morte

No ciclo devocional que promoveu, a irmandade feminina zeladora do culto a Nossa Senhora da Boa Morte em Cachoeira, na Bahia, uniu-se aos terreiros de candomblé jeje, queto ou nagô-batá da sua cidade e de outras, como São Félix e Muritiba, que são localidades do Recôncavo. São lembranças ancestrais e rituais, reelaboradas e transformadas pela fé, e também formas de salvaguarda das matrizes africanas, tão próprias do povo de santo.

Naquela irmandade, há o vínculo memorial com as Gueledés, unidas emblematicamente com o culto a Nossa Senhora da Boa Morte.

As celebrações da Irmandade da Boa Morte estão integradas a duas ceias oferecidas à comunidade, em que os alimentos são servidos de forma cerimonial.

A primeira ceia, caracterizada como ceia branca, é na sexta-feira. As irmãs trajam a indumentária chamada de "roupa de baiana", com bata, torço, pano da costa, saia, chinelas; tudo deve ser branco. Na casa da irmandade, cada "empregada de Nossa Senhora" traz seu alimento, composto especialmente de peixe, arroz e pão. Na chegada de cada novo alimento, as irmãs saúdam com muita cerimônia e preceito. A provedora da irmandade descobre cada prato, que foi coberto com um tecido branco, e agradece, citando o nome da irmã que ofereceu a comida. O peixe oferecido é preparado com leite de coco, a tradicional peixada baiana ao coco. Há ainda saladas de folhas verdes, legumes e azeite de oliva. Em destaque, a pipoca (doboru), distribuída em tabuleiros e, como acontece nos terreiros de candomblé, acompanhada de pedaços de coco.

A provedora dá início à ceia: cuidadosamente, arruma os alimentos na mesa, ajudada pela comissão responsável pelas comemorações. As outras irmãs aguardam solenemente o início da alimentação. Quando tudo está pronto, os doborus são jogados no espaço da sala, sobre todos os presentes, e distribuídos como alimento, iniciando-se assim a ceia propriamente dita. O rigor cerimonial continua após a marca de Omolu pelo uso dos doborus, purificando o local da ceia e todos os adeptos e público em geral. Os alimentos, um pouco de cada, e um pedaço de pão, são ordenados nos pratos e distribuídos ao público, e logo após as irmãs têm acesso à ceia.

No segundo dia de procissão não há ceia. É o dia solene do desfile das irmãs, que, em seus trajes de gala, percorrem as ruas de Cachoeira. No terceiro dia, a procissão é matinal, após a missa da Assunção de Nossa Senhora: as irmãs ainda envergam suas roupas de gala, seus fios de ouro, bem poucos, mas com muita dignidade, e saem em procissão pela cidade.

A segunda ceia é marcada pelo oferecimento de cozido e de caruru, seguido pela descontração do samba – aquele samba bem tradicional –, com as irmãs em roupas de "crioula": panos da costa listrados, chinelas pequenas e muitos adornos, além dos fios de contas dos orixás patronos.

Atualmente, o culto da Boa Morte, como é conhecido em Cachoeira, tem solenidade garantida nas três marchas solenes denominadas de "Cortejo de Nossa Senhora da Boa Morte", "Procissão de Nossa Senhora da Boa Morte" e "Procissão de Nossa Senhora da Glória". Essas manifestações acontecem no mês de agosto, quando se celebram a Assunção de Nossa Senhora e os orixás Omolu, Nanã e Oxumarê, e em que se destaca a cerimônia do Olubajé nos terreiros de candomblé do Recôncavo.

Olubajé, a colheita partilhada

Comer, nas folhas de mamona, quase tudo o que é servido no cardápio dos candomblés faz parte da cerimônia que, simbolicamente, quer mostrar o que a terra pode oferecer ao homem. Também é a celebração da colheita.

É uma festa para comer coletivamente os pratos preferidos dos orixás: abado, abará, aberém, acaçá (branco e vermelho), acarajé, adum, axoxô, bolas de inhame, doboru, ebô, farofa, ipeté, latipá, omolucum e carnes de diferentes aves e caprinos, entre outros. Nesses pratos, além do azeite de dendê, destacam-se o coco, as leguminosas, o milho, o inhame e temperos especiais.

A comida oferecida no Olubajé deve ser "comida de mão". Após o repasto, as mãos devem ser limpas no próprio corpo, unindo-se dessa maneira os alimentos por dentro e por fora. Essa ação simboliza a forte integração de valores nutritivos aliados aos valores da saúde do corpo. Olubajé é um ritual público de saúde.

Pessoas da alta hierarquia do terreiro realizam no espaço da festa verdadeiros banhos de doboru, principal comida do orixá homenageado.

Omolu é orixá que domina a doença e as curas, que assume o controle sobre as coisas do mundo, sendo o Olubajé, para os candomblés quetos, uma grande e indispensável cerimônia. Nos terreiros angolas-congos, acontece um ritual religioso similar conhecido como "kukuana".

O ciclo festivo do Olubajé estende-se às ruas, durante os meses de julho e agosto. Os iniciados saem às ruas, carregando o cesto repleto de doboru e o tabuleiro, devidamente arranjado e coberto de tecidos, com os objetos sagrados de Omolu. Em duplas, os iniciados percorrem vários pontos da cidade de Salvador e outras localidades da Bahia, como também acontece no Rio de Janeiro e em outras cidades. Abordam as pessoas, e estas oferecem dinheiro, quantias livres, que serão trocadas por punhados de doburu e pedaços de coco.

O Caruru de Cosme

São Cosme mandô fazê
duas camisinha azul.
No dia da festa dele,
são Cosme qué caruru [...]

(Poesia popular, samba de roda, Bahia)

Nos terreiros, nas ruas e nas casas, acontecem as celebrações que reúnem adeptos, festeiros, pagadores de promessas e o público em geral. Essas celebrações sempre têm nos seus cardápios especiais um tema que identifica e particulariza cada festa – por exemplo, o tão conhecido (para os baianos) Caruru de Cosme.

O Caruru é uma festa familiar, e é também dos terreiros.

O Caruru de Cosme é o oferecimento de comidas à base de azeite de dendê, no culto aos santos gêmeos da Igreja Católica, são Cosme e são Damião, profundamente relacionados com os Ibejis, os gêmeos ancestrais iorubás que representam a fertilidade e são protetores das famílias, das comunidades, das mulheres grávidas e das crianças. Os iorubás realizam rituais de alimentação para os Ibejis representados por esculturas de madeiras sexualizadas, nas quais se identifica o masculino e o feminino. Azeite de dendê, inhame, quiabo, feijão, obi e outros alimentos compõem o cardápio votivo dedicado aos Ibejis.

O Caruru de Cosme busca recuperar esse imaginário de matriz africana, reunindo para isso muitas comidas, identificadas popularmente como "comidas de azeite", e vários doces.

Assim, o ato imemorial de alimentar deuses é preservado no Caruru de Cosme, que ocorre geralmente no mês de setembro, quando milhares de casas no Brasil e em especial na Bahia revivem o ritual de nutrir homens e mitos. Essa aliança é feita pelo oferecimento de alimentos tradicionais, com destaque para o caruru, feito de quiabo, camarão, dendê e temperos. Mas, no amplo cardápio do Caruru de Cosme, há também feijão-de-azeite, acarajé, abará, xinxim de galinha, farofa de dendê, pipoca, frutas, cana-de-açúcar e bebidas como o aluá e o vinho, além de cocadas, balas de coco, acaçá de coco, bolos de macaxeira e de milho com coco, entre outros doces.

Para dar início à festa do Caruru de Cosme, coloca-se uma parte de cada comida em uma gamela de madeira arredondada, que é ritualmente disposta sobre uma esteira. Ao seu redor, reúnem-se sete crianças que devem comer tudo o que estiver na gamela – "comer de mão", comer da forma que come uma criança, lambuzando-se. Após esse ritual, que significa que os santos Cosme e Damião já comeram, é servido o caruru aos outros participantes.

Há também música e dança nessa celebração. São comuns o samba de roda, os cânticos em línguas africanas, as ladainhas e as louvações para os santos, que também são orixás.

No tabuleiro da baiana tem...

Nas ruas, estão as tradicionais comidas populares, que são uma continuidade histórica dos "ganhos". É o ancestral do *fast-food*. Preservam receitas e, principalmente, marcam as cozinheiras ou "quituteiras" com as suas autorias de sabores. Dentre os muitos exemplos dessas comidas de rua, destacam-se os tabuleiros das tão conhecidas baianas de acarajé, na cidade de São Salvador, na Bahia.

No tabuleiro da baiana, tem memória arcaica africana, tem. Tem memória próxima afrodescendente, tem. Tem uma quase síntese da culinária de dendê, de coco, de milho, de pimenta, de temperos que se ampliam nas cozinhas e nas mesas, tem. Tem cheiro, forma e sabor, tem. Tem estética de sedução, tem. Tem fidelidade para com as receitas, tem. Tem confiabilidade entre aqueles que consomem e aqueles que preparam, oferecem e vendem, tem. Tem símbolos sagrados, tem. Tem folhas, tem figas, tem uma forte e inseparável relação com Exu, orixá da rua, dos encontros e da comunicação entre os homens e entre os homens e os orixás, tem. Tem a figura materna e matriarcal da mulher, tem. Tem as roupas combinadas de um barroco renovado, mesclado de torço e bata afro-islâmicos, tem. Tem joalheria dos candomblés, com aquele jeito que só o jeito da baiana sabe e tem, tem.

Porque tudo tem nesse tabuleiro, que é o mundo simbolizado. No tabuleiro da baiana tudo tem: tem acarajé, tem abará, tem cocada, tem bolinho de estudante. Tem um encontro profundo com o continente africano.

O tabuleiro é um local para experimentar muitas comidas, salgadas e doces. Entre os doces, sobressaem os feitos à base de coco: cocadas, branca e preta, moles e duras; bolinho de estudante; lelê de milho; bolo de macaxeira. Todos esses sabores são apurados no grosso e artesanal leite de coco e no coco ralado à mão, geralmente em ralador feito de folha de flandres.

Entre as receitas do tabuleiro da baiana, destaque também para uma comida feita de mandioca, o popular bolinho de estudante. É sobremesa nas casas, para o lanche da tarde, e é servido nos restaurantes que buscam traduzir e manter receitas baianas, onde se veem bolinhos de estudante em pequenos formatos, servidos em porções.

Certamente, ganhou esse nome por ser frito no final da tarde, hora em que os estudantes passam, ao sair dos colégios, pelas esquinas e adros onde estão arrumados os tabuleiros com tudo que possa seduzir pelo cheiro. Na cidade de Salvador, em cada final de tarde, o aroma do dendê fervente inunda o ar, e a boca já começa a salivar, sonhando com o tabuleiro e tudo que oferece ao freguês.

O bolinho de estudante é um doce feito de massa de tapioca, coco, açúcar e canela. Para fazê-lo, é necessário ter habilidade e talento para trabalhar a massa de maneira artesanal, com o punho; essa característica faz com que seja conhecido como doce "feito a punho" e também chamado, popularmente, de "punheta". Com a massa, moldam-se bolinhos que são fritos no óleo de milho ou no azeite doce. O bolinho deve ser comido ainda quente, pois assim é mais saboroso; e o açúcar, se misturado à canela, dá-lhe uma casquinha que se derrete a cada mordida.

Mas, no tabuleiro da baiana, o que impera é o acarajé – ou acará ("bolinho", em iorubá), como é chamado em Benin, na África Ocidental. É acarajé porque as vendedoras africanas anunciavam a comida como "acará-jê", "acará de comer", isto é, bolinho de comer.

O nosso tão conhecido e celebrado acarajé é um bolinho feito de feijão-fradinho (*Vigna unguiculata*) ralado e temperado com cebola e sal e frito no azeite de dendê.

Desde os "ganhos", no tempo do Brasil colonial, as mulheres e suas vendas ambulantes pontuam a cidade, fazendo quitandas – comércio de frutas, doces de coco, bolos, mingaus, panos da costa e outros produtos da costa africana. Os tabuleiros, nas festas de largo que celebram vários santos populares, garantem a alimentação daqueles que vão cumprir sua devoção.

– Sem comida não há festa e não há festa sem comida!

Nas festas de largo, os tabuleiros imperam, assim como as baianas de acarajé.

Sabe-se que a comida é um conjunto visual e material que vai muito além da própria comida. Os elementos contextuais, a ritualização de cada gesto de quem serve, os movimentos do corpo, o olhar, as expressões faciais e a roupa compõem um reconhecimento de valor identitário.

O tabuleiro e a baiana unem-se para formar um dos mais notáveis símbolos urbanos de matriz africana. Por isso, conquistaram o reconhecimento do Estado brasileiro e são patrimônio do Brasil. Assim, cada comida do tabuleiro da baiana é um símbolo patrimonial – ora mais africano, com o dendê, ora mais americano, ou melhor, latino-americano, a exemplo de comidas envoltas em folhas como os *tamales* mexicanos, com o abará, embrulhado na folha de bananeira, o acaçá, a pamonha de carimã, e outros que tornam esse multicultural cardápio de rua um *fast-food* tão tradicional.

Aldeia dos caboclos

Foi nesse passo
que eu saí da minha aldeia,
com o meu chapéu de lado,
montado no meu cavalo.
Quando eu saí,
minha mãe me abençoou

(Poesia popular, samba de caboclo, Bahia)

No amplo universo das manifestações de matriz africana na Bahia, nasce o modelo de culto religioso chamado de Candomblé de caboclo. São novas mitologias que se unem às mitologias dos orixás. Os caboclos traduzem temas heroicos, como a Independência da Bahia (1823), e são considerados os legítimos guardiões da terra brasileira. Nesse amplo e diverso sistema ritual, são valorizados os símbolos nacionais e a natureza, em particular as matas, que são os territórios dos caboclos; ganharam um sentimento devocional e religioso especial, de identidade afro-baiana, e assim se integraram aos candomblés africanos e ao Candomblé de caboclo. Os mais tradicionais estão no Recôncavo da Bahia.

A natureza é o território e a nação dos caboclos. Nessas condições, tudo que a natureza oferece é sagrado. A natureza é a fonte da vida, e nela se cria um verdadeiro culto ecológico.

Também essa natureza é representada nos rituais dos caboclos, nos terreiros, e assim são organizadas verdadeiras instalações que representam a mata, a terra dos caboclos, que é chamada de aldeia. Na construção da aldeia, são usadas muitas folhas de coqueiro e cachos de cocos, além de outras folhas especialmente selecionadas. São verdadeiros cenários para as festas que querem lembrar a exuberância das matas tropicais.

As aldeias são instaladas nos terreiros como um espaço muito verde e repleto de frutas, com todas as frutas possíveis. Algumas são indispensáveis, e entre elas o nosso tão estimado coco (*Cocos nucifera*).

Nas aldeias, os caboclos são chamados para dançar, cantar, beber, comer e, principalmente, interagir com os devotos e com o público em geral. Nesse território/cenário, estão todas as frutas disponíveis que representam a natureza, ou seja, qualquer fruta, do morango até o abacaxi. Destacam-se o milho – a espiga de milho, que também representa a fartura dos alimentos – e a carne proveniente do sacrifício de animais.

No cardápio ritual da aldeia, são indispensáveis a abóbora-moranga e a jurema. A jurema é uma bebida feita da entrecasca de uma planta nativa, também chamada de jurema (*Mimosa hostilis*), mel, cravo, canela e vinho moscatel. Na aldeia, de maneira cerimonial, essa mistura é oferecida aos caboclos e a todos os participantes, servida em cuias que podem ser meias cabaças, coités ou recipientes feitos com as quengas dos cocos.

Nos terreiros de Candomblé de caboclo, as aldeias são construídas próximas aos coqueiros, ao ar livre – no tempo, como se diz. Pois, o coqueiro é uma árvore sagrada.

A CELEBRAÇÃO DO AÇÚCAR E DO COCO EM GILBERTO FREYRE

Que é doce, afinal? Dizem os dicionários que é aquilo que tem o sabor como o de açúcar ou de mel; e que, assim sacarino, não é amargo, nem salgado, nem picante [...].

(Gilberto Freyre, *Açúcar: em torno da etnografia e da sociologia do doce no Nordeste canavieiro do Brasil*)

FALAR EM NORDESTE é falar de açúcar e tradição. Estes são os caminhos apontados por Gilberto Freyre, compreendendo, de maneira inter e transdisciplinar, seus campos preferenciais de estudo e de interpretação do homem situado no trópico.

O grande fundamento do *Manifesto regionalista* (Freyre, 1926), está na cozinha, na mesa, na quitanda, no tabuleiro e em outras manifestações dos cardápios regionais. A comida é um dos mais expressivos sinais usados por Freyre para caracterizar, identificar e marcar a região Nordeste.

As traduções das comidas são combinações das vivências de campo, etnografias que recuperam os pratos tradicionais, que eram também experimentados por Gilberto como um exercício gastronômico e patrimonial. O *Manifesto regionalista* confirma o valor do convívio, da socialização à mesa, como nos relata esse autor sobre as reuniões dos participantes do movimento regionalista: "[...] em volta da mesa de chá com sequilhos e doces tradicionais da região, inclusive sorvete de coração da Índia" (*ibid.*, p. 29).

O *Manifesto regionalista* busca, no particular, sua comunicação com o universal, recuperando na voz popular os traços mais definidores do homem regional. Novamente, Freyre lança a culinária como um sinal valorativo da sua compreensão da cultura. Nesse contexto de cozinha, destacam-se o açúcar, as frutas nativas e as frutas exóticas, entre as quais o coco, tão ao agrado pessoal do pesquisador.

Essa compreensão de Nordeste, sensivelmente dada pela comida, vai além dos testemunhos da história oficial, buscando o caminho da interpretação das manifestações do cotidiano. Sua compreensão patrimonial, avançada na época, integrava diferentes testemunhos, materiais e imateriais, na formação das identidades regionais em que a cozinha era cenário social notável e lugar para a prática de memórias familiares e pessoais.

No livro *Açúcar*, Freyre avança na indicação de uma geografia da alimentação, oferecendo ao leitor visões espaciais e estéticas que simbolizam o mercado, a feira, a quitanda, o tabuleiro, a casa. Na casa, põe em evidência a mesa e a sobremesa. Com o açúcar e as frutas, regionalmente aclimatadas, expõe contextos econômicos e étnicos conformadores de uma civilização tão bem introduzida pela cana sacarina, como se pode ler em outra de suas obras, *Nordeste: aspectos da influência da cana sobre a vida e a paisagem do Nordeste do Brasil* (1937).

A complexa compreensão de Freyre sobre a comida e seus "entornos" destaca a rua, o tabuleiro, os doces, os quitutes de consumo rápido, sem que se deixe de viver o sabor e apreciar a morfologia do alimento, nos cenários que incluem a arquitetura, a rua, a gente, o clima, as árvores, o litoral e os extensos coqueirais.

A tapioca – molhada no leite de coco e também recheada com coco ralado, e o melhor coco ralado e leite de coco são aqueles retirados artesanalmente – é um importante tema do cardápio tradicional de Pernambuco. Existe assim um domínio autoral dentro das cozinhas, o que é sempre apontado por Freyre, especialmente no seu clássico *Casa-grande & senzala* (1933).

A recuperação de cadernos de receitas aliada às etnografias dá a base para o notável livro *Açúcar*, uma celebração da comida tradicional e popular e das criativas adaptações que ocorriam nas cozinhas dos engenhos com as ementas ibéricas e conventuais. Os cadernos de receitas, organizados e preservados por dona Madalena, mulher de Freyre, ilustram o princípio de que as receitas são memórias e acervos familiares que significam patrimônios de valor culinário e autoral.

A publicação *À mesa com Gilberto Freyre* (Lody, 2004), que tive a honra de organizar, é uma rica reunião de receitas, de impressões familiares, de comentários culinários e, principalmente, das escolhas de sabores realizadas por Freyre.

Desse livro destaco a receita do grude: "1 quilo de goma; 2 cocos grandes bem ralados (finos); sal à vontade; 1 colher das de chá de açúcar. Misture tudo muito bem com a mão, até ficar bem ligado. Se quiser, forre a forma com folha de bananeira" (*ibid.*, p. 96).

A crescente valorização da cultura popular é combinada à ecologia e suas muitas possibilidades etnobotânicas. Tudo é integrado à economia, à história social, à antropologia e a outros campos das ciências humanas que apoiam a compreensão plural sobre a comida que dá atualidade a Gilberto Freyre.

Ele sempre encarou a comida como um patrimônio, pois sua relação com receitas e ingredientes tradicionais de Pernambuco revela profundo conhecimento, por experiência familiar e, em especial, por suas escolhas de sabor. Além de gostar muito de quiabada com pirão branco e chocolate, o que lhe chegava do coco era muito bem-vindo.

O próprio Freyre adverte que a tradição regional não é objeto da imobilidade e critica os entendimentos sobre o Nordeste como um espaço de sobrevivências, "uma terra de relíquias". Entretanto, reafirma que a cozinha é um espaço de criação e memória e de fortes referências culturais da região.

> [...] Há quem se suponha mais devotado que os demais às tradições da região, mas seja incapaz de descer à cozinha para provar o ponto de um doce de goiaba; para experimentar o tempero de um aferventado de peru; ou ao mercado para comer um sarapatel da marca dos que fazem a fama do Bacurau; ou a Dudu para saborear uma peixada à

> moda da casa, com pirão e pimenta; ou ao fundo de um velho sítio cheio de mangueiras e jaqueiras para chupar manga e comer jaca com as mãos, lambuzando-se; ou a uma boa queda-d'água de engenho, para um regalado banho, fazendo antes de entrar n'água o sinal da cruz e chupando um ou dois cajus entre goles de cachaça [...].
>
> (Gilberto Freyre, *Manifesto regionalista*)

A atualidade do *Manifesto regionalista* está também no que é contemporâneo e de interesse internacional sobre o papel civilizador da cozinha. Pois está na cozinha um acervo de identidades que reafirma o sentido tropical das receitas do litoral, em que o coco, os peixes, os crustáceos, as frutas nativas, como o caju, e, sem dúvida, o açúcar dão um sentindo patrimonial à região.

Exemplos são algumas receitas "de coco" recolhidas por Gilberto Freyre, e que se encontram no livro *Açúcar* (2007, pp. 168-169).

SEQUILHOS DE COCO

2 cocos, 1 quilo de açúcar, 3 litros de goma, 2 ovos, sendo 1 sem clara, 1 colher de manteiga.

Faz-se o mel, coa-se e põe-se o leite dos cocos. Leva-se ao fogo novamente, até que fique em ponto de pasta. Tira-se do fogo e bota-se a goma e o grude de 1 colher de goma, que já deve estar feito. Amassa-se bem, estende-se cortando com carretilha ou forminha, como se desejar. Forno quente e tabuleiro polvilhado de goma (*ibid.*, pp. 168-169).

Observe-se que a presença das expressões "mel", "grude", "goma" e "ponto de pasta" mostra que a etnografia nasceu de depoimentos e, certamente, dos cadernos manuscritos familiares.

BISCOITOS DE COCO

1 pão para fermento, 4 xícaras (460 g) de farinha de trigo e 1½ xícara (260 g) de açúcar, 9 ovos, sendo 1 só com a clara. Metade de ½ xícara (60 g) de manteiga, leite e 1 coco sem levar água, metade de 1 colher pequena de canela.

> Bota-se a farinha e o açúcar dentro do fermento; depois o leite de coco. Vão-se deitando então as gemas, uma por uma. Bota-se então para crescer em lugar que seja bem abafado. Depois que está bem crescido, vai-se fazendo os rolos para se ir partindo a massa em biscoitos (*ibid.*, p. 115).

O pão é o fermento, como acontece com outras receitas tradicionais e populares. O aproveitamento total desse alimento assume, em âmbito cristão, um valor especial, por significar o corpo divino.

> *BOLINHOS DE COCO*
>
> ½ quilo de açúcar, 1 coco ralado em ralo fino, 12 ovos (só as gemas), 2 colheres (100 g) de manteiga.
>
> Amassa-se o açúcar com o coco, misturando-se devagar 1 colher de açúcar e outra de coco até ficar bem melado. Põem-se as gemas uma por uma, sem bater absolutamente nada (só misturando). Depois põe-se a manteiga do mesmo modo, deixando-se descansar um pouco a massa. Vai então ao forno esperto em forminhas untadas com manteiga (*ibid.*, p. 113).

Alguns processos culinários são destacados nessa receita. O conceito de melado vem do mel de engenho, também conhecido como melado, tendo aspecto, textura e viscosidade próprios. A expressão de "forno esperto" refere-se ao aquecimento e à qualidade da temperatura para assar.

> *BALAS DE COCO*
>
> Faz-se uma calda de 1 libra de açúcar e quando estiver em ponto de cabelo põe-se 1 coco ralado e um pouco de canela em pó. Mexe-se e despeja-se em um prato untado de manteiga e tiram-se pequenas porções para formar balas, rolando. Amassa-se na palma da mão (*ibid.*, p. 168).

Para conseguir o ponto ideal para a calda, é necessária, além da técnica, habilidade pessoal, vocação para fazer doce. O reconhecimento do ponto dá-se pela forma do açúcar. Assim, a calda é avaliada visualmente.

BOLO DE COCO SINHÁ DONA

Botam-se 2 pães, para fermento, dentro de 8 xícaras (920 g) de farinha de trigo. Depois 20 gemas de ovos. Se o fermento estiver duro, botam-se 2 ou 4 ovos com as claras. Amassa-se tudo muito bem amassado e, quando a massa estiver boa, começa-se a botar manteiga que não passe de ½ xícara reforçada. Vai-se botando a manteiga aos poucos, 3 xícaras (510 g) de açúcar cheias, que se devem misturar com a farinha para então começar a deitar os ovos. Deita-se também 1 ou ½ colher de canela ralada dentro da farinha, antes de amassar. Cobre-se bem coberto para poder crescer bem. Então, fazem-se os bolos e botam-se nas formas com farinha do reino (farinha de trigo) (*ibid.*, p. 116).

Na compreensão das receitas, entre outros produtos, a farinha do reino, o queijo do reino e a pimenta-do-reino, em que se identifica a procedência, têm significados especiais: esses ingredientes viriam de além-mar, como também aqueles denominados "da costa". O que chega do reino, chega de Portugal ou do Oriente; o que chega da costa, chega do continente africano.

CREME DE COCO

O leite grosso de 1 coco, 6 gemas com as claras finas, 250 g de calda em ponto de fio, 1 colherinha de manteiga que deve ser posta no mel quente (mel de engenho), a raspa de 1 limão verde. A calda estando fria, põem-se as gemas que devem estar bem batidas, o leite de coco e 1 colher de maisena. Põe-se em forma untada de manteiga e cozinha-se em banho-maria (*ibid.*, p. 166).

A qualidade de "leite grosso" indica o processo artesanal para a obtenção do leite de coco, que, assim processado, adquire valor e sabor especiais para as receitas.

DOCE DE COCO

1 coco, 1 quilo de açúcar.

Raspa-se um coco, faz-se de 1 quilo de açúcar a calda. Então, em seguida, junta-se o coco à calda e leva-se ao fogo para cozinhar. Quando estiver em ponto de fio brando estará pronto o doce (*ibid.*, p. 135).

O então chamado "doce de coco" era um doce em si ou um complemento das receitas de outros doces, nas quais entrava como recheio ou cobertura.

COCADA

1 coco e 1 quilo de açúcar.

Raspa-se 1 coco, faz-se a calda de 1 quilo de açúcar, junta-se o coco à calda e leva-se ao fogo. Quando a calda estiver em ponto de fio, tira-se do fogo e mexe-se com uma colher de pau até um pouco antes de açucarar. Em seguida deita-se o doce numa tábua ou numa mesa de mármore; quando estiver frio, parte-se com uma faca em losangos e põe-se ao sol para secar (*ibid.*, p. 136).

É essa uma das receitas mais clássicas e difundidas nessa civilização do coco, no mundo tropical. Sempre haverá uma cocada, que é verdadeiramente o "doce emblema" criado a partir do coco.

BROINHAS DE COCO

500 g de açúcar em ponto de pasta; deita-se 1 coco ralado e 14 gemas de ovos, mexendo-se sempre no fogo até que se possa enrolar com as mãos. Tira-se do fogo para esfriar. Feito isso, forram-se as mãos com farinha de trigo, fazem-se os bolinhos, a que se dá forma arredondada, e se assam em latas forradas com papel (*ibid.*, p. 109).

As latas aquecidas, que funcionam como verdadeiros fornos, são comumente citadas como tecnologia culinária do século XIX. Certamente, grande parte das receitas recolhidas por Freyre veio daquele século.

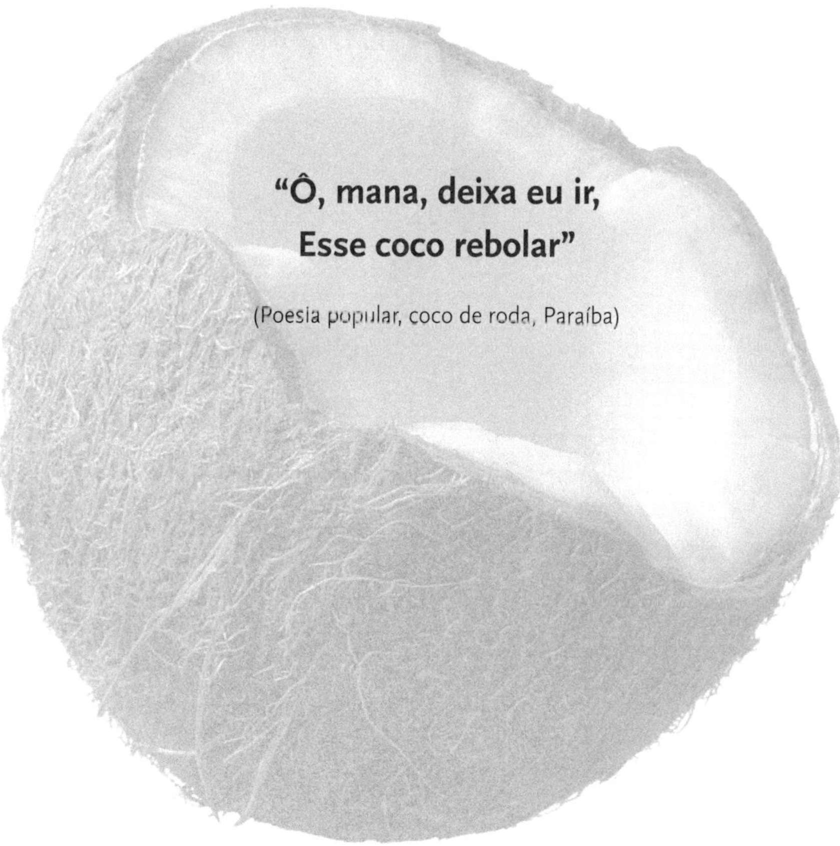

“Ô, mana, deixa eu ir,
Esse coco rebolar”

(Poesia popular, coco de roda, Paraíba)

PARA DANÇAR E CANTAR O COCO

Ê bango, bango ê!
Caxinguelê!
Come coco no cocá,
tango arirá, eh!, eh!
Eh!, oh!

(Poesia popular, coco de roda, Paraíba)

Coco de roda

ACREDITA-SE QUE OS RITMOS do coco eram marcados pela percussão das metades das cascas do fruto seco e polido. Contudo, nas tradições populares, o ritmo é marcado pelas batidas das palmas das mãos e dos pés, e por instrumentos membranofônicos, como caixa surda e tarol, ou – os mais usuais – o pandeiro e o ganzá.

São muitas as modalidades para se dançar o coco. Dança-se coco de fileira, coco de parelha, coco de roda, coco solto. São provavelmente expressões lúdicas dos engenhos de açúcar do Nordeste.

A coreografia do coco de roda é muito simples. Fiel a sua possível procedência alagoana, organiza-se uma roda de dançarinos que se movimentam da direita para a esquerda, giram o corpo, ora para um lado, ora para outro, enquanto repetem em coro a "resposta" do coco "tirado" pelo solista e, ao mesmo tempo, marcam o tempo da música com pisadas fortes. Um dos dançarinos vai para o meio da roda e, com uma umbigada, chama outro dançarino para ser solista, e assim sucessivamente.

No coco de parelha, os casais vão ao centro da roda, dão um giro completo em torno do próprio corpo e se encontram numa umbigada que acontece em evoluções sincrônicas, no ritmo da música executada. Em seguida, os participantes dão um passo para a direita, outro para a esquerda, voltam a girar e se juntam noutra umbigada. A umbigada sofreu estilização, transformou-se. Alguns participantes não encostam realmente os umbigos, como originalmente acontecia.

No coco solto, é comum ficar apenas um solista no centro da roda, até que se canse e, antes de retornar a sua posição inicial, busque com uma umbigada um dos parceiros para que este tome o seu lugar.

É importante notar que a área tradicional de ocorrência do coco são as regiões dos canaviais, nos engenhos de açúcar, concentrando-se em Pernambuco, na área conhecida como Zona da Mata, onde o coco é também chamado de "samba de coco" ou "sambada".

O coco de roda e suas variações vêm ganhando adesão cada vez maior nas cidades. Tradicionalmente do ciclo junino, o coco está também no ciclo carnavalesco. A popularização deve-se à crescente busca e à valorização dos ritmos regionais, como já acontece com o samba de roda, o frevo, a ciranda, o maracatu, entre outras formas de expressão popular.

Coco de embolada

"Embolar o coco" é cantar versos rápidos, muitas vezes percebidos como sons confusamente misturados, o que exige do "poeta cantador", do "tirador de coco" ou daquele que "puxa o coco" grande habilidade e criatividade para desenvolver temas especiais ou repetir versos imemoriáveis, que dão base rítmica e melódica a esse estilo de fazer coco.

O coco de embolada – ou apenas embolada – é cantado por duplas de emboladores, geralmente em espaços públicos, como feiras e mercados, e nos dias de maior fluxo de visitantes. A embolada tem o seu ritmo marcado pelo pandeiro ou pelo ganzá – tipo de chocalho cilíndrico feito de folha metálica –, e principalmente pelas palmas que fazem uma percussão complementar para acentuar os versos.

Os emboladores, como poetas inventivos, disputam, por meio das suas habilidades pessoais, notoriedade e reconhecimento nesse estilo de fazer poesia. No ciclo junino, período festivo, é crescente o aparecimento e a valorização do coco nos seus diferentes estilos, especialmente o coco de dançar, como o coco de roda. Esse ciclo é também cenário para as apresentações dos emboladores. Sem dúvida, é a cultura popular presente nos espaços urbanos como forma de recuperação do pertencimento ao que é regional.

Com muita frequência, são utilizadas as quadras, as sextilhas e as décimas, também chamadas de "quatro linhas", "seis linhas" e "carreirões". Esses são os três gêneros mais apreciados durante as apresentações dos emboladores. Na dupla de emboladores predomina um solo, que é retomado pelo segundo embolador, que emenda com a repetição do refrão.

Tudo pode ser o tema da embolada. Há, contudo, uma tendência humorística e mesmo pornográfica. Podem ser incluídas atualidades e assuntos clássicos, especialmente do Nordeste. Temas fantásticos, religiosos e políticos, entre outros, formam o repertório dessa tão apreciada manifestação da poesia popular.

Coco da mata

Ando por dentro do mato
pra ninguém não me pegar.
Piso em cima das folhas
pra meu rastro não ficar

(Poesia de um canto tradicional da Jurema, Pernambuco)

A dança e o canto do coco estendem-se além das festas populares, como as dos ciclos junino e carnavalesco no Nordeste. Dançar e cantar coco é um ritual de sociabilidade, de divertimento e de expressão de religiosidade. Por exemplo, o coco da mata, assim conhecido por ocorrer em bosques, próximo às árvores, integra a Jurema à natureza.

A Jurema, expressão cultural e religiosa da região Nordeste, é um ritual religioso, numa nova concepção de sagrado que une temas sociais do cotidiano, memórias do imaginário indígena regional, matrizes africanas e um catolicismo apropriado e sempre reinventado. Ao lado da dança do coco, é confirmada como manifestação tradicional capaz de expressar a fé unida ao divertimento.

O coco da mata é para louvar e relatar histórias dos mestres e dos caboclos, personagens da mitologia própria da Jurema. As histórias de heróis são revividas nas letras dos cocos, ao som do ganzá, da batida de palmas e da "pisada" que marca o ritmo, e na execução de coreografias com passos tradicionais do coco de roda.

São muitos os mitos e os personagens cuja memória está muito próxima do povo. São heróis populares divinizados, cultuados e assim preservados através das gerações, nas histórias contadas pelo coco da mata.

Dentre esses heróis populares, vale destacar o Malunguinho, que representa a resistência dos quilombos e a luta pela liberdade nas formas de expressão de matrizes africanas em Pernambuco, notadamente no Quilombo do Catucá. O Malunguinho vem para a Jurema dançar, cantar, contar suas histórias e beber sua aguardente em cuias feitas de coco seco e polido que servem de recipientes para a bebida. É a cuia de coco com a cachaça de Malunguinho. É o imaginário do litoral, é o coco representando esse importante tema tropical do Nordeste.

Assim, o coco da mata une-se ao amplo e diverso culto religioso que é o ritual fitolátrico da Jurema. Essa união – na qual nosso coqueiro é tema constante – é memória pela dança, pelo canto, pelas comidas, pelas bebidas e pelos objetos feitos de coco.

Cocos nucifera L., coqueiro.

Karl Friedrich Philipp von Martius, *Historia naturalis palmarum: opus tripartium/Carol. Frid. Phil. de Martius.* Lipsiae, 1843.

Coqueiro.

Mudas de coqueiro.

Transporte de cocos por barco, no Delta do Mekong, no Vietnã.

© Pacificstock/Other Images

Coqueiros na ilha Molokai, no Havaí.

© AGE RM/Othe-

Coco seco.

◂ Homem trançando cestos com folhas de coqueiro em Zanzibar, na Tanzânia.

▾ Fibra de coco usada na técnica de *mulching* em um jardim. Muito comum na agricultura, consiste em cobrir e abafar o solo com matéria orgânica para variados fins.

© Tom Hanley/Alamy/Other Images

▲ Mulher trabalhando numa máquina de fiar fibra de coco no estado de Kerala, na Índia. A sua maior cidade, Cochim, tem no coco a principal fonte para a indústria local.

▶ Artesanatos de folha de coqueiro trançada.

▼ Flor artesanal feita de folha de coqueiro.

© Cortesia de Iracy Artuzi Caldatto

© Cortesia de Iracy Artuz Caldatto

Botões feitos de casca de coco.

Entalhes sobre coco seco e madeira de coqueiro numa loja em Avarua, capital das Ilhas Cook.

Colares artesanais feitos com cocos, ossos, madeira e conchas.

▲ *Cocos flexuosa* Mart., guariroba. Ilustração feita pelo botânico alemão Von Martius em uma de suas expedições pelo Brasil.

Karl Friedrich Philipp von Martius, *Historia naturalis palmarum: opus tripartium/Carol. Frid. Phil. de Martius.* Lipsiae, 1843.

▶ Ilustrações do *Cocos nucifera* L. feitas em expedição pela Companhia das Índias Orientais à Costa do Coromandel.

William Roxburgh, *Plants of the coast of Coromandel: selected from drawings and descriptions presented to the hon. court of directors of the East India Company.* Londres: W. Bulmer, 1814.

© Cortesia de Gustavo Rigueira/Blog Chefaporter

© Plainpicture/Other Images

▲ Coco ralado para venda em feira livre, Brasil.

◀ Água de coco.

▼ Chocolate recheado com coco. Trinta e cinco por cento da produção brasileira de coco é absorvida pela agroindústria, como o coco ralado e o leite de coco, destinados à indústria de alimentos.

© Alamy/Other Images

Comida tradicional feita de peixe cru marinado no limão e leite de coco, em Bora Bora, na Polinésia Francesa.

Cocada de colher.

© Sud/Other Images

O beijinho, doce feito com coco muito comum no Brasil, é servido em festas de aniversário.

© Alamy/Other Images

Cuscuz brasileiro de tapioca com coco.

© Fred Jordão

Doce tradicional de coco verde, conhecido como baba de moça ou sabongo, em Pernambuco, Brasil.

© Cortesia de Silvia Furtado

Cocadas num carrinho do centro da cidade de São Paulo.

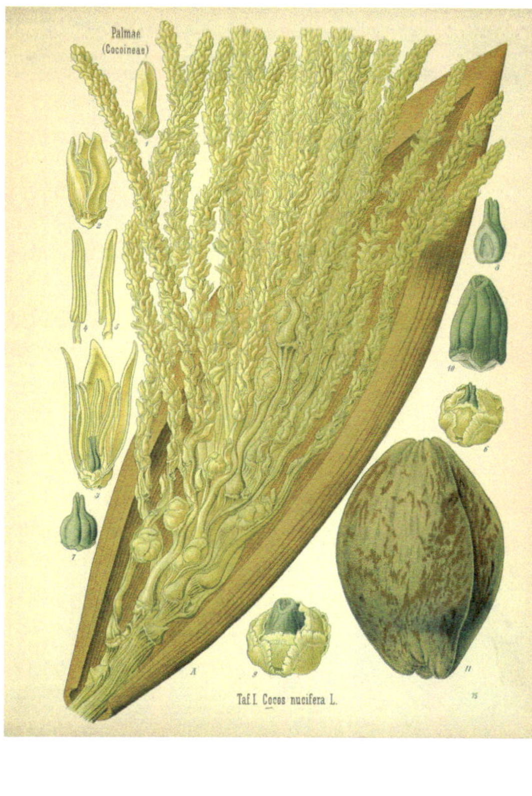

▲ *Cocos aculeata*, espécie também conhecida como *Acrocomia aculeata*, cujo nome popular é bocaiúva, coco-babão e macaúba.

Nikolaus Joseph Jacquin. *Selectarum stirpium Americanarum historia: in qua ad Linnaeanum systema determinatae descriptaeque sistuntur plantae illae, quas in insulis Martinica, Jamaica, Domingo aliisque et in vicinae continentis parte, observavit rariores; adjectis iconibus ad autoris archetypa pictis*. Viena, 1780-1781.

▶ Ilustração que apresenta a inflorescência do coqueiro e as várias fases do fruto.

Franz Euge Köhler, Köhler's Medizinal-Pflanzen in naturgetreuen Abbildungen mit kurz erläuterndem. Untermhaus, 1897.

© Nik Wheeler/Alamy/Other Images

© Cortesia de Elias Santos/Blog Samba, coco e gravura

▲ Grupo Samba de Coco de Dona Iolanda, em Barra dos Coqueiros, Sergipe.

▶ Jovem dançarina com roupa tradicional em Taiohae, Nuku-Hiva, nas Ilhas Marquesas.

▲ Ritual budista em Phnom Penh, capital do Camboja, que utiliza o coco como oferenda.

► Nos rituais em homenagem à deusa hindu Durga, destaca-se o coco como uma comida cerimonial.

▼ Oferenda realizada no festival de Ganesha.

▲ Óleo de coco processado com copra pelo grupo Madal SARL em Quelimane, Moçambique.

► Cocos e mistura natural de coco para esfoliação corporal.

▼ Fábrica de sabão de coco na Nova Caledônia, Melanésia.

Produtos industrializados cuja matéria-prima é o coco.

▲ Ilustração de Von Martius.

Karl Friedrich Philipp von Martius, *Historia naturalis palmarum: opus tripartium/Carol. Frid. Phil. de Martius*. Lipsiae, 1843.

▶ Ilustração de Franz Euge Köhler.

Franz Euge Köhler, Köhler's Medizinal-Pflanzen in naturgetreuen Abbildungen mit kurz erläuterndem. Untermhaus, 1897.

Da casca do coco: cuias, cumbucas e cabaças

O aproveitamento das cascas secas de diferentes
frutos mostra-se no artesanato utilitário
e também surge noutros significados estéticos,
com a realização de objetos para a casa
e para adorno do corpo.

(O autor)

A DESCRIÇÃO DA CUIA feita por Debret, documentalista de costumes e cenas da vida colonial brasileira, aparece na expressiva aquarela intitulada pelo autor "Le calabassier", que faz parte da obra *Viagem pitoresca e histórica ao Brasil* (1834-1839). O artista se interessa por uma das manifestações artesanais mais marcantes do Norte do Brasil, que é a cuia e suas diferentes funções na decoração e, especialmente, na culinária. Embora marque a Amazônia como símbolo do Norte, o uso da meia cabaça tem ocorrência nacional, no cotidiano de milhões de brasileiros.

De origem botânica, o fruto da cuieira (*Crescentia cujete*) é um utensílio. Entre tantas outras maneiras de servir e integrar objetos à casa, serve como prato ou copo, nas cozinhas e mesas; para conter farinha de mandioca, água, frutas, temperos, molhos de pimenta, açaí, mingaus de milho e de pacova; para vender e consumir tacacá; para beber cachaça; para o banho de ervas aromáticas e mágicas; para os rituais dos terreiros afrodescendentes.

O porongo é uma cabaça usada para conter o chimarrão, mistura de erva-mate com água. É comum no Sul e no Centro-Oeste do Brasil.

Feito do fruto do cabaceiro, o agué, aguê ou piano de cuia, tradicional instrumento de percussão afrodescendente, é recoberto por uma rede de contas, de búzios ou de sementes. Também é conhecido como afoxé e empresta seu nome a um cortejo de rua, no carnaval da Bahia.

Tão utilizado quanto a cabaça, o coco seco é aproveitado para diferentes finalidades, uma das quais é a de servir de base para o instrumento musical afoxé. Nesse caso, o coco seco também é recoberto com uma rede de contas, como acontece com a cabaça.

O coco seco está presente ainda na confecção de chocalhos ou maracas, nos quais se acrescenta um cabo de madeira torneado. Serrado ao meio, o coco seco, lixado e polido, recebe incisões, gravações e baixos-relevos, e torna-se um tipo de utilidade doméstica muito comum para atender inúmeros usos, em especial para servir líquidos: então, chamado de cuia – cuia de coco.

Cuias, cumbucas, cuiambucas, cabaças, cuités funcionam na vida brasileira de maneira utilitária. Significam também objetos de valor artístico, que assumem diferentes tendências e atributos estéticos, da decoração com elementos barrocos, passando pela policromia de cenas regionais e indo até a simplicidade das cuias apenas lixadas e laqueadas.

O coco-d'água

O objeto artesanal que nasce da reciclagem do coco seco, polido e devidamente trabalhado é conhecido como "coco-d'água". É objeto também feito de flandres ou outro metal, a partir da reciclagem de latas, usado para pegar e servir água.

Falo da água potável, limpa, pronta para se beber. Pois o coco-d'água é importante utensílio no processo de usar a água de maneira doméstica e tradicional, como acontece em muitas casas brasileiras. Água que geralmente é armazenada em potes de barro que ocupam uma estrutura feita de madeira chamada "banca de potes".

Assim, a água limpa, água para se beber, para preparar a comida, é preservada nas suas qualidades, e é o coco-d'água, notadamente o de metal, que funciona como um tipo de copo – que, quase sempre, apresenta as bordas dentadas ou serrilhadas – utilizado para manter a higiene no trato com a água de pote, pois o utensílio não vai à boca. Feito da casca do próprio coco, é complementado com um cabo de madeira.

O coco-d'água tem seu uso ampliado nas cozinhas, para funcionar como concha e auxiliar o preparo do feijão, e para servir pratos como o bambá de couve e outras comidas com caldo. Também é comum seu uso como utensílio para servir bebidas, como o aluá ou o mungunzá de beber. Esse tipo de coco-d'água também é usado como copo.

No amplo imaginário desse utensílio, há aqueles feitos de alpaca e prata, sendo notáveis os feitos pelos prateiros dos séculos XVIII e XIX. Juntamente com muitos outros objetos utilitários – como as cuias, as farinheiras, os copos e outros feitos de prata –, mostram trabalhos artesanais de gravação e elementos visuais do estilo barroco.

Integrados a esses utensílios, desse período, estão os molhos, as pencas ou pencas de balangandãs. Nessas pencas, em que estão representados muitos objetos em miniatura feitos de prata – frutas, instrumentos musicais, figas, cocos-d'água –, também aparecem dentes de animais encastoados, contas de louça e outras peças em coral e marfim.

> [...] A alimentação acidulada com sal e pimenta, a constante avidez pelos doces que a fartura industrial do açúcar facilitava, o clima determinado, a contínua desidratação pela atividade sudorífera explicavam a paixão pela água, regando normalmente a refeição, e único a saciar a sede tropical. Daí o luxo, a mania exibicionista de copos de prata do Porto, os patacões do império fundidos para fazer os copázios de litro e meio, as vasilhas aparelhadas de correntes de prata maciça para colher o líquido na fonte sem que o cavaleiro desmontasse, os cocos orlados de prata, cujas delicadas miniaturas figuram entre os molhos de balangandãs da Bahia.
>
> (Luís da Câmara Cascudo, *Prelúdio da cachaça: etnografia, história e sociologia da aguardente no Brasil*)

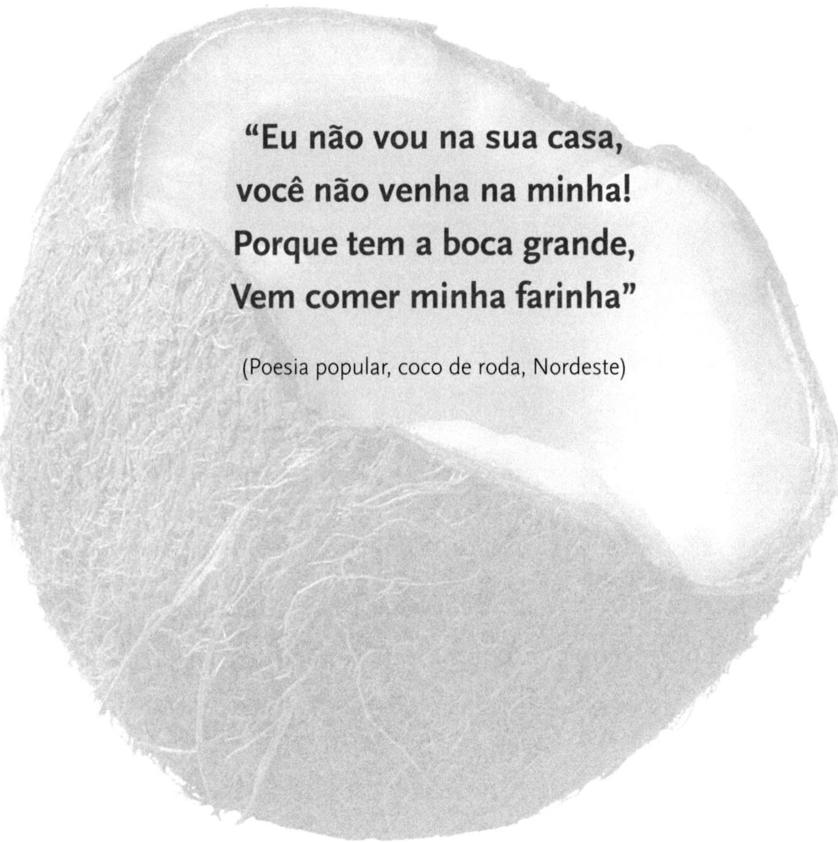

"Eu não vou na sua casa,
você não venha na minha!
Porque tem a boca grande,
Vem comer minha farinha"

(Poesia popular, coco de roda, Nordeste)

ARQUITETURA DO COCO

As casas pareciam ser inteiramente construídas de folhas de coqueiro, mas, na realidade, a palha apenas protegia as paredes da mesma forma que o teto.

(Daniel Parish Kidder, *Reminiscências de viagens e permanência no Brasil, Províncias do Norte – 1839-1840*)

O CONCEITO DE HABITAR – diga-se habitar casa de moradia – envolve os diferentes usos de materiais e tecnologias, geralmente integradas ao meio ambiente. Assim, é valorizada a sabedoria tradicional, com suas soluções para edificar, combinada às características de clima, trabalho, conforto e afirmação de identidade.

Na construção da casa popular mais simples é que a influência dominante foi e é ainda a africana e a indígena. Tanto que a denominação de casa desse tipo que mais se generalizou no Nordeste foi a africana: mucambo ou mocambo.

(Gilberto Freyre, *Mocambos do Nordeste: algumas notas sobre o tipo de casa popular mais primitivo do Nordeste do Brasil*)

Adequado às questões ecológicas, o mocambo necessita de infraestrutura de saneamento. A utilização de folhas de coqueiro, de cana-de-açúcar, de capim-açu; a edificação pela taipa de pilão, com uso do barro, matéria imemorial no ato de construir dos povos; e a reciclagem de outros materiais caracterizam o mocambo como habitação própria do litoral, de sítios onde normalmente estão os coqueirais.

O barro da região, misturado com outros barros para se conseguir a liga, dá plasticidade para apoiar a edificação de mocambos, que incluem na sua construção matérias tradicionais, como as fibras e as folhas dos coqueiros. O barro é a matéria-prima para construir as paredes e o próprio chão da casa. Chão de barro.

Para preparar o barro, muitas são as técnicas e os processos de edificação. Por exemplo, o "adobe", quando o barro, em forma de tijolo, é seco ao sol. Outra maneira é a taipa, no ato de tapar com as mãos, preencher com barro os vãos de estruturas de madeira, geralmente varas, mais grossas ou mais finas, que formam a sustentação das paredes.

Então, como preparar o barro para a taipa?

– Cantando e dançando, na marcação do ganzá: fazendo o coco!

O barro é colocado no chão. Então, batendo-se o pé na "pisada do coco", individualmente ou na formação de roda, o barro é pilado e amassado, para chegar à consistência ideal para realizar a taipa. É um coco coletivo e solidário. É uma dança e canto de trabalho que, a partir do coco, ritmo tão conhecido da região, congrega as pessoas à construção da casa em ambiente lúdico. Após a dança e o trabalho, é servida a comida. Comida forte, comida de "sustança", aquela que alimenta. Um feijão, um cozido, angu, pirão ou outro prato que também fortaleça os laços sociais.

No conceito espacial de mocambo, a cozinha é em geral um espaço externo, porém integrado à casa. No litoral, a cozinha do mocambo é um tipo de "tapagem", cujo material principal é a folha do coqueiro-da-índia, o nosso coqueiro. Nesse espaço para o trabalho doméstico ficam os utensílios da casa: panelas, frigideiras, copos e talheres, geralmente limpíssimos e brilhantes, pelo trabalho artesanal de "ariar", que, de fato, é arear, polir com areia da praia os metais.

Há um diálogo da arquitetura do mocambo com os usos dos materiais recolhidos na natureza. Folhas e fibras dos coqueiros, que, com as tecnologias artesanais de trançar, resultam em cestos, esteiras, balaios, peneiras – urupemas –, bem como elementos arquitetônicos do próprio mocambo, estruturas móveis para janelas e portas.

Além disso, é amplo o universo das construções provisórias que têm na folha do coqueiro seu principal material.

No âmbito culinário, o jirau é um dispositivo utilizado para salgar peixes e camarões. Trata-se de estruturas de madeira recobertas com folhas de coqueiros, onde o pescado é posto para a "salga", e os crustáceos, além do sal, também recebem folhas de aroeira, o que é comum no Recôncavo da Bahia.

No âmbito religioso do candomblé, o baluê, outra construção provisória feita das folhas do coqueiro ou do dendezeiro, é um tipo de espaço ritual nos terreiros. Funciona como santuário provisório, construído por ocasião do ciclo festivo conhecido como Águas de Oxalá, que geralmente ocorre no final do mês de setembro. A cerimônia do baluê é aquela em que os objetos religiosos do orixá Oxalá são lavados com a participação de toda a comunidade. No baluê fica o assentamento de Oxalá, que cada membro da comunidade visita de madrugada, portando um utensílio de barro contendo água nova e fresca, que é derramada sobre os objetos sagrados do orixá. Essa cerimônia é anual e se refere à renovação da fertilidade e da vida, por meio da homenagem a Oxalá, o orixá criador da terra e do homem.

Ainda no candomblé, outro exemplo de arquitetura provisória é a maianga, espaço construído nos terreiros como o lugar para os banhos rituais nos períodos da iniciação religiosa. É feita com folhas de coqueiro ou de dendezeiro e funciona também como banheiro. A maianga (o mesmo que banho) acontece na madrugada, ao romper do dia. "Maianga", palavra do macrogrupo banto, significa lugar de água.

No âmbito do comércio que margeia as estradas, é comum encontrar durante o percurso, principalmente nas áreas rurais e na periferia das cidades, a venda de frutas da época, atividade na qual se destacam barracas que comercializam o coco verde para o consumo da sua água. Também há barracas feitas com tapagens que abrigam vendedores de comidas rápidas (entre as quais a cocada) e seus produtos. Essas construções provisórias – em que geralmente são utilizadas as folhas de coqueiro, material fartamente disponível, conforme a região – possibilitam o trabalho e o descanso; são estruturas simples, de varas cobertas com folhas, ou se reduzem às folhas dispostas como abrigo, do tipo cabana, para proteção do sol tropical.

O CORPO E O COCO

> Os melhores sabonetes, os mais próximos do ideal
> tropical, são os feitos de água, gordura de coco,
> potássio ou hidróxido de sódio
> e ainda os antioxidantes.
>
> (O autor)

SÃO CADA VEZ MAIS RECONHECIDOS, nos produtos naturais, os valores de uma cultura voltada para o meio ambiente e a sustentabilidade.

O uso dos produtos naturais procede, na maioria das vezes, da sabedoria tradicional e popular. Esses produtos nascem das experiências de uso, da eficácia das práticas e dos processos de transmissão que marcam uma região, um território, um segmento étnico.

O *Cocos nucifera*, rico em vitamina E, acelera o metabolismo, regula o sistema imunológico e tem notáveis efeitos dermatológicos, entre outros valores medicinais e estéticos. É o coco ampliando suas dimensões, indo da mesa ao corpo, unindo qualidades e usos que se atualizam com o desenvolvimento das pesquisas e dos mercados. A popularidade do coco na vida cotidiana, especialmente no litoral, faz com que esteja muito além das cozinhas e das mesas e seja também usado na cosmetologia e na medicina de tradição.

O óleo de coco, por exemplo, é considerado eficaz para remover manchas senis e rugas da pele, e também como nutriente dos cabelos. No mercado, o óleo de coco extravirgem é o mais procurado.

Como a água de coco, cujas virtudes são amplamente conhecidas, está para a saúde corporal interna, o óleo de coco está para a saúde do exterior do corpo. Diz ainda a tradição que a água de coco *in natura* é excelente para ser usada na pele e nos cabelos. É um verdadeiro banho tropical. Coco, uma fruta para equilibrar o corpo e trazer saúde.

Outro produto que acompanha os hábitos higiênicos, para o corpo e para a casa, é o sabão de coco, o tão conhecido "sabão de barra". E o coco ganha nova dimensão e qualidade, com a criação de variados tipos de sabonetes, que são incorporados aos banhos diários, com qualidades adstringentes para a pele mista e oleosa.

Ainda como aproveitamento das palmeiras que dão coco e que estão tão integradas aos nossos hábitos afrodescendentes, há o bambá, produto do dendezeiro. É a parte sólida que fica na base dos recipientes, geralmente garrafas, que contêm azeite de dendê. Além de ser ingrediente para uma deliciosa farofa, o bambá, rico em vitamina A, é usado como creme para o corpo e para os cabelos. Esse hábito cosmetológico de matriz africana é preservado por expressivo segmento que está, em especial, no Recôncavo Baiano.

COCO, SAÚDE E TRADIÇÕES POPULARES

O que vem da natureza é saudável.
Esse princípio é cada vez mais valorizado com a agricultura orgânica.
É a utilização de plantas para chás, banhos ou, ainda, como defumadores em diferentes rituais.
O *Cocos nucifera* ganha notável espaço nesse contexto, pois a própria tradição popular afirma que do coqueiro tudo se aproveita.

(O autor)

NAS CULTURAS TRADICIONAIS de diferentes povos, são comuns as práticas de saúde que traduzem as experiências vividas. As antigas memórias revelam costumes que funcionalmente vêm promovendo o equilíbrio social e simbólico de civilizações do mundo. Recorre-se à natureza para selecionar produtos que possam atender às necessidades da vida e da saúde. Muitas vezes, essas práticas são chamadas de "medicina popular" e de "medicina empírica", ou recebem outro nome ou classificação para identificá-las como recursos transmitidos pela sabedoria tradicional.

Nessas condições, os conceitos relativos à saúde aproximam-se das concepções gastronômicas, pois na comida estão importantes fatores de cura, de preservação do corpo e, assim, da vida. Em nosso âmbito cultural, o coco assume importante papel de protagonista social, sendo um tradicional recurso para a saúde do corpo.

As questões religiosas também orientam as funções do coco na saúde e nas receitas que trazem significados especiais para o indivíduo, para sua família e para seu grupo. São muitas e diferentes as maneiras de interpretar as propriedades do coco na culinária e na prática medicinal, em práticas muitas vezes ritualizadas.

Por ser tão popular e por reunir tanta sabedoria em razão das propriedades do fruto, da água, das fibras, do caule, das flores e das raízes, o coqueiro é uma grande base para a medicina tradicional do trópico. Para aproveitamento da planta, são muitas as maneiras de transformar o que a natureza oferece, a partir de seleções que a própria tradição, pela repetição, vai transmitindo e, em muitos casos, confirmando a eficácia.

A seguir, alguns exemplos que chegam das tradições populares, geralmente experimentadas nas famílias como opções para o tratamento de diferentes temas referentes à saúde. Tantas e tantas outras formas de equilibrar o corpo e a saúde vão ao encontro das muitas propriedades do *Cocos nucifera*, cuja memória é permanentemente lembrada e valorizada nas tradições populares.

- Diz o costume que, para tratar a belida, um tipo de mancha esbranquiçada que aparece na córnea, é necessário pingar água de coco como colírio.
- O tão popular bicho-de-pé tem o seu tratamento complementado com o emprego do óleo de coco.
- Para tratar a caspa, lava-se a cabeça com água de coco.
- Também é costume dizer que a água de coco amacia os cabelos e a pele.
- É conhecido e reconhecido o uso da água de coco para o tratamento de cólicas renais.
- Segundo o costume, o chá do coco ainda quase em broto é indicado para o tratamento da coqueluche.
- Outro chá é aquele feito da entrecasca do caule do coqueiro, para as dores de barriga em geral.
- O azeite retirado da casca seca do coco é aconselhado para tratar a dor de dente.
- Indicada para o enjoo na gravidez é a da carne do coco, aquela parte branca e suculenta, acrescida de açúcar – uma quase cocada.
- Para aqueles que comem em demasia, é tradicional fazer o chá com a casca do coco.

- O leite de coco misturado com sementes de jerimum torradas, além de gostoso, é considerado remédio para o tratamento da verminose.

Nota importante
O autor não está aconselhando ou sugerindo o uso do coco ou dos seus derivados para fins medicinais.

OUTRAS PALMEIRAS

O "tirador de coco", como popularmente se chama,
é aquele que trepa nos coqueiros, como aqueles do
Cocos nucifera, que chegam a ter mais de 15 metros
de altura, com o pé encaixado na "peanha" – um
objeto muito simples de couro, de tecido ou de
pneumático reciclado, unido a uma alça que abraça
o tronco.
Ele vai subindo tronco acima, "como um bicho da
mata", com muita habilidade.
É uma mistura de técnica e arte. E assim vai até as
folhas, chega ao cacho e, com mais habilidade no
uso do facão, faz chegar ao solo os cocos.
Com mais habilidade ainda, o tirador de coco volta
ao chão.

(O autor)

PARA MUITOS BOTÂNICOS, as palmeiras são a própria representação dos trópicos. É o caso das palmeiras oleígenas, das tamareiras e das palmeiras trepadeiras, entre outras, que têm aproveitamento total: madeira, fibras, fruto e, certamente, o imaginário.

As palmeiras também representam o conceito de lugar, de território e de identidade. Na mitologia, as palmeiras foram de certa maneira humanizadas – muito em função do seu caráter hermafrodita.

As palmeiras no mundo estão classificadas em cerca de duzentos gêneros e 2.670 espécies. São predominantemente abundantes nos cenários tropicais de muitos países, como também nas estepes, nas savanas e em áreas mais temperadas, como é o caso dos Andes, onde se veem certas palmeiras a 4 mil metros de altura.

Palmeiras do Cerrado

O Cerrado é o segundo maior ecossistema brasileiro, compreendendo Goiás, Distrito Federal, Minas Gerais, Mato Grosso, Mato Grosso do Sul, Tocantins, Piauí, Maranhão e Bahia. Ocupa, portanto, 22% da área do território brasileiro e, em termos de fitogeografia, subdivide-se em cerrado em sentido restrito, cerradão, campo sujo, campo limpo, veredas e mata de galeria.

Entre suas plantas nativas, encontram-se as palmeiras apresentadas a seguir.

- Acumã (*Syagrus flexuosa*). Nomes populares: coquinho-do-cerrado e palmeirinha-do-cerrado. A polpa e a amêndoa do fruto são consumidas *in natura*.
- Babaçu (*Orbygnia phalerata*). Nomes populares: babaçu e coco-de-macaco. A polpa do fruto é utilizada para farinhas, bolos e mingaus. A amêndoa é consumida *in natura* ou serve para fazer doces, paçoquinhas e farinhas.
- Guariroba (*Syagrus oleracea*). Nome comum: coco-guariroba, gueroba e palmito-amargoso. A polpa e a amêndoa podem ser consumidas *in natura* ou na forma de doces. O palmito, amargo, é utilizado em pratos regionais, como arroz com guariroba, omelete e bacalhau refogado com guariroba.
- Jerivá (*Syagrus romanzoffiana*). Nomes populares: baba-de-boi, coco-babão e jerivá. A polpa e a amêndoa do fruto podem ser consumidas *in natura*. O palmito pode ser utilizado na culinária, a exemplo da guariroba.
- Macaúba (*Acrocomia aculeata*). Nomes populares: bocaiúva, coco-babão e macaúba. A polpa e a amêndoa do fruto são consumidas *in natura*, ou em forma de doces e geleias. Com seu palmito são preparados pratos regionais, como o frango com macaúba. O óleo da castanha é usado para cozinhar.
- Palmito-da-mata (*Euterpe edulis*). Nomes populares: açaí-do-cerrado, palmito-da-mata, içara, palmiteiro, palmito-doce e ripeira.

A polpa é consumida em forma de sucos e sorvetes. O palmito, doce, é utilizado em pratos regionais, como o frango com palmito.

- Tucum-do-cerrado (*Bactris sp.*). Nome comum: tucum, tucum-do--brejo e uva-da-terra. A polpa é consumida *in natura* ou na forma de sucos, sorvetes, geleias, vinhos e vinagre.

Palmeiras da Amazônia

A Amazônia compreende a vasta área entre o Planalto Brasileiro e o Maciço das Guianas, e a maior parte dela está no nosso território. Aí se encontram a maior floresta úmida tropical do mundo e o rio Amazonas, considerado a maior reserva de água doce do mundo. Todo esse tesouro de biodiversidade compreende também as regiões do Peru, da Bolívia, da Colômbia, do Equador, da Venezuela, do Suriname e das Guianas.

A Amazônia é o maior bioma do Brasil, e seu parque, o Parque Nacional do Jaú, é reconhecido pela Unesco como patrimônio da humanidade.

Entre as palmeiras nativas, encontram-se as mencionadas a seguir.

- Açaí (*Euterpe oleracea*). Nomes populares: açaí-do-pará, juçara, manacá, tucanici. Tradicionalmente, o sumo ou o vinho do açaí é produzido por processo artesanal. É amplo o uso do açaí na Amazônia; no consumo tradicional, ao vinho adicionam-se farinha de mandioca e açúcar, farinha de mandioca com peixe (assado, cozido ou seco) ou com camarão. O vinho é também adicionado ao mingau de farinha de mandioca ou de farinha de arroz. Também se consome o açaí como sorvete, suco, doce para o recheio de tortas e nas tão difundidas "vitaminas", que destacam seu valor energético, ganhando reconhecimento nacional e internacional.
- Bacaba (*Oenocarpus bacaba*). Nomes populares: bacabaçu, bacaba verdadeira, unguraúy. Com a fruta faz-se o sumo ou vinho, como no caso do açaí. Pode ser misturada com farinha de mandioca e açúcar. Com ela são feitos também sorvete e creme. O óleo da bacaba, semelhante ao de oliva, é usado nas cozinhas da região para fritura.
- Bacaba-de-leque (*Oenocarpus distichus*). Nomes populares: bacaba-de-azeite, bacaba-do-pará. Com o fruto são feitos doce e doce de massa; também pode ser consumido *in natura*.

- Caiaué (*Elaeis oleifera*). Nome popular: dendezeiro-do-pará. Do fruto se extrai um óleo comestível usado na culinária, e da amêndoa, outro tipo de óleo, com o qual se fabrica manteiga vegetal.
- Inajá (*Maximiliana maripa*). Nome popular: inajá. Os seus frutos, consumidos *in natura*, são muito populares nas feiras e mercados da Amazônia. Com o fruto, prepara-se mingau com amido de milho; faz-se também doce.
- Marajá (*Bactris maraja*). Nomes populares: marajá-açu, tucum-bravo. O fruto tem uso comestível restrito; como se diz nas feiras, "é fruta para se passar o tempo".
- Mucajá (*Acrocomia sclerocarpa*). Nomes populares: coco-baboso, coco-de-catarro, bocaiuva, macaúba. O fruto come-se *in natura*, e suas amêndoas, torradas, são consumidas como os amendoins.
- Patauá (*Oenocarpus bataua*). Nome popular: patauá. Da fruta, prepara-se o vinho de patauá e se extrai o azeite, também semelhante ao de oliva, que é usado nas cozinhas para frituras.
- Tucumã-do-pará (*Astrocaryum vulgare*). Nome popular: tucumã-do-pará. Seus frutos são consumidos *in natura* e deles faz-se vinho. Também é usado na preparação de licores e sorvetes.
- Tucumã-do-amazonas (*Astrocaryum aculeatum*). Nomes populares: tucumã, tucumã-açu. Seu fruto é consumido *in natura* e também é utilizado na feitura de doces.

O COQUEIRO AFRICANO

Um dos mais significativos encontros gastronômicos se dá nas receitas que combinam o azeite de dendê com o leite de coco.
É, sem dúvida, um magnífico resultado de paladar, de odor e de imagem, que atesta a multiculturalidade da nossa mesa brasileira.

(O autor)

A PALMEIRA-DENDÊ (*Elaeis guineensis*), ou "dendém", é originária da costa ocidental africana. É, sem dúvida, a mais importante palmeira africana e uma das plantas fundamentais da economia e da sociologia da costa ocidental desse continente. As populações nativas, desde tempos remotos, utilizam-na na cobertura de suas habitações, como alimento (palmito), gordura para alimentação, alimento para os animais, bebida fermentada – o vinho de dendê – e, em especial, como azeite, servindo-se dela ainda na toalete e para iluminação.

A introdução da palmeira-dendê na América ocorreu no tempo da escravatura. Os barcos que levavam africanos em condição escrava das costas africanas – onde a planta era nativa e seus frutos já eram utilizados na alimentação – para as Américas e o Caribe também transportavam os frutos.

O dendê encontra-se hoje em expansão no continente americano, porque a procura pelo seu óleo – "óleo de palma" – aumentou graças a suas características de grande aproveitamento industrial. É assim no Brasil, na Colômbia e em alguns países da América Central. Durante muitos anos, o "óleo de palma" provinha, na quase totalidade, do continente africano.

O dendezeiro constitui uma das culturas mais importantes do continente africano, dentro de sua região natural, que inclui Guiné-Bissau, São Tomé e Príncipe e Angola. Em São Tomé e Príncipe, a cultura domina na primeira ilha, sobretudo na costa norte e ocidental; em Angola, a cultura estende-se até o sul de Benguela.

Pode-se caracterizar a culinária de formação africana no Brasil como adaptativa, criativa e legitimadora de muitos produtos e ingredientes africanos e não africanos, incluídos em muitos cardápios regionais ou de presença nacional. Nesse contexto, o azeite de dendê é um símbolo da África na nossa mesa.

O dendê compõe alguns pratos na Amazônia e no Nordeste, em destaque a Bahia, emblematizando o que se come no cotidiano e no tempo das festas.

Conhecido na África por diferentes nomes, o dendê assume função social e econômica que marca ampla área desse continente. No Brasil também ganha nomes populares e usuais, em polos de concentração como Recôncavo da Bahia, Rio de Janeiro e Recife: azeite de cheiro, epô, óleo, óleo de dendê, azeite de dendê e óleo de palma – ou simplesmente azeite.

As comidas de rua eram mais variadas, mas os hábitos domésticos assumiram o papel de preservar receitas, especialmente para os dias de festa, marcadas pelo leite de coco e pelo dendê, comumente chamadas de "comidas de azeite".

Outro importante espaço guardião da culinária africana no Brasil é o terreiro. Terreiros de candomblé, de tambor mina, de batuque e de xangô, entre outros, têm na cozinha sagrada e cerimonial um importante ponto de contato com povos e culturas da África. Assim, convivem receitas e alimentos cuja origem se perde na memória e outros adaptados, criados e transformados pela afrodescendência.

As crioulas da Bahia
todas têm um certo quê...
Temperam a vida da gente
como a moqueca de dendê.

(Poesia popular, Bahia)

O dendê é quente, tem cor forte, sabor preciso e único. A cozinha tradicional e religiosa dos terreiros, por sua vez, assume características ideológicas que se refletem na ética, na hierarquia, no comportamento, nas posturas, na gestualidade, no vocabulário e nas tendências estéticas particulares que só reforçam aquele ideal africano fundado no que vem do dendê. E a esse azeite une-se o *Cocos nucifera*, em leite e polpa, para resultar em pratos já brasileiros, contudo de forte referência africana.

Um dos casos mais notáveis da união entre azeite de dendê e leite de coco é o tão celebrado e conhecido vatapá. As receitas ganham algumas variações de ingredientes, mas, nessa combinação de sabores, dendê e coco impõem uma espécie de assinatura que dá identidade para a nossa cozinha tradicional e, principalmente, avaliza sua origem popular.

O vatapá resulta do aproveitamento do pão, unido a camarões secos e frescos, gengibre, cebola, sal, coentro, salsa e peixe fresco, peixe seco ou bacalhau – que, apesar de ser peixe, ganha no imaginário popular uma categoria própria, pois bacalhau é algo especial. Galinha e carne de porco são complementos que identificam o tipo de vatapá: vatapá de peixe, vatapá de bacalhau, vatapá de galinha, vatapá de carne de porco. Tudo isso, muito bem misturado, ganha ainda o sabor do dendê e do coco. Para essa massa que é o vatapá, além do pão, podem-se usar farinha de arroz, farinha de trigo ou o que a criatividade sugerir, pois a cozinha é um processo permanente de adaptações e, ao mesmo tempo, de preservação de memórias e de identidades culturais.

O dendê também enriquece o delicioso vatapá pernambucano, peculiarmente temperado com amendoim – muito amendoim, diga-se de passagem –, em menor quantidade do que no vatapá baiano, mais amarelo, quase dourado.

Na Amazônia, o vatapá e o caruru são pratos tradicionais do Pará, aos quais se junta uma quantidade exagerada de camarões e em que se usa muito dendê.

Essa palmeira africana, o dendezeiro – e tudo o que oferece em símbolos e formas permanentes de trazer a África para o Brasil –, consagra-se no paladar, no gosto, na boca cultural que atesta e fortalece a cozinha tradicional brasileira.

RECEITAS

[...] a lata de gordura de coco seria aberta,
e isso sempre se tornava um evento na cozinha.
A lata era ritualmente aberta e mostrava aquela
massa alvíssima do coco.
Ainda, o cheiro, aquele cheiro próprio do coco.
Tudo anunciava uma comida gostosa e, mais que
tudo, perfumada.
Era a criança observando o ritual do refogado.
Frigideira já aquecida, então, as generosas
colheres de gordura ou, como era chamado na
cozinha, "banha de coco" iniciavam o ritual. Ela ia se
derretendo, aí se colocavam alho, cebola, sal,
folha de louro.
Tudo começava a dourar e a ampliar aquele cheiro
característico do bom refogado.
Culminando, duas generosas conchas do feijão
já cozido com as carnes, com caldo grosso e rico,
misturavam-se, produzindo ligeira fumaça na
frigideira.
E assim exalava aquele cheiro, o cheiro mais gostoso.
Um cheiro inesquecível.

(O autor)

As RECEITAS SÃO MEMÓRIAS organizadas em muitos e diferentes textos orais e escritos, e funcionam como seleção e ligação entre ingredientes e cardápios. Para realizá-las, além dos textos, são necessárias as habilidades individuais de cozinheiras, chefes, culinaristas e, ainda, daqueles que encontram na cozinha os momentos especiais de experimentação, de criação, de curiosidade por equipamentos, de descobertas de sabores ou até um reencontro com comidas peculiares que marcam lugares sociais de indivíduos e de famílias. As sequências dos produtos, suas quantidades, as maneiras de fazer e de organizar esses encontros de ingredientes, em geral, materializam uma longa experiência de povos e de civilizações.

Receitas do cotidiano, receitas das festas, receitas devocionais que se integram aos ciclos religiosos: todas revelam valores nutricionais e especialmente simbólicos. As receitas transmitidas pela palavra falada são as mais ritualizadas. Esse aprendizado se dá pela prática da transformação dos ingredientes, com os utensílios, com a tecnologia que valoriza esse amplo artesanato culinário.

Cada receita é um encontro entre o indivíduo e a sua memória. É um ritual de pertença. É clássico recorrer às receitas familiares para compreender uma cultura, para traduzir melhor um território. Pois as receitas escritas estão quase sempre comentadas, sendo expressão de um processo de aprendizado e de sabedoria tradicional.

> Tomem-se 500 gramas de abóbora e 500 ditas de açúcar refinado e, num tacho, levem-se ao fogo. Quando a abóbora estiver perfeitamente delida, ajunte-se-lhe a terça parte de 1 coco ralado e deixe-se ferver até ficar tudo bem ligado e compacto. Com uma colher, sobre uma tábua umedecida, fazem-se as cocadas e levam-se a sol bastante forte para secar.
>
> (Antonio José de Souza Rego, *Dicionário do doceiro brasileiro*)

A receita começa na seleção dos ingredientes, com um verdadeiro ritual de escolhas pela cor, pelo odor, pela textura e por outras características que garantam a boa realização do prato e, certamente, o cumprimento do sentido simbólico da comida, pois a comida é antes de tudo um processo de comunicação.

Raladores, peneiras e pilões integram-se ao processo de preparo de cada ingrediente, na obtenção de texturas e das outras qualidades necessárias à receita. O meio ambiente é um fator determinante para se manter ou adaptar a receita. Busca-se no significado cultural de cada receita a sua melhor interpretação.

Há, sem dúvida, forte relação entre a qualidade e a procedência do ingrediente para se fazer uma boa receita. Os ingredientes têm as suas características peculiares, têm seus sabores especiais. Seja o peixe fresco, a lagosta, o sururu. Seja "aquele" coco, no grau de maturação adequado. E é preciso saber como trabalhar o coco e aproveitá-lo na feitura de cada prato.

As receitas com coco – "de coco" – trazem, em especial, a vida dos pescadores, dos habitantes do litoral, daqueles que têm intimidade cotidiana com essa fruta. As receitas de coco representam, em estética e sabor, o trópico, o litoral, as paisagens que atendem ao imaginário ideal do paraíso. Comer cada uma das receitas de coco é, antes de tudo, comer esse imaginário de ingredientes e sabor.

A cocada, estimada de norte a sul do país, é uma das referências mais imediatas da cozinha brasileira. Cocada, um tipo de doce muito popular, de venda ambulante, do tão tradicional tabuleiro de baiana, que oferece cocada branca e cocada preta. Recebe acréscimos, interpretações, estilos e marcas autorais. Sua forma característica passa a dar identidade a receitas que, embora sem a inclusão do coco, são chamadas de "cocadas" por apresentar a mesma estética, forma e textura. Assim, são oferecidas cocadas de goiaba, de abacaxi, de maracujá ou de qualquer outra fruta que, em geral exuberante na cor e de sabor intenso, seja convidativa pelo aroma, pela aparência e pelo toque ao desejo que chega à boca cheia d'água, que quer esse pedaço de trópico direcionado ao gozo pleno do encontro entre o corpo e o sabor.

Nas receitas tradicionais, geralmente, há uma proporção de um quilograma de açúcar para a polpa de um coco. Trabalha-se a calda de açúcar e se adiciona o coco. Mexe-se continuadamente, com o olhar vigilante e sensível de quem sabe fazer doce e percebe que a cocada está pronta pela forma do açúcar, pelo cheiro e pelo ponto da massa. Em seguida, despeja-se a massa do doce sobre uma pedra ou tábua de madeira para endurecer, ou, então, põe-se a massa ao sol, para secar.

É comum usar o doce de coco como recheio ou o coco ralado nas coberturas de bolos, em tortas e em pães. São propostas estéticas do branco dominante que vem do tão estimado *Cocos nucifera*.

Ainda no contexto do litoral, onde impera o coco, é comum a venda pelos ambulantes das praias de uma mistura de gelo picado e raspado com xaropes de vários sabores de frutas e essências: é o raspa-raspa. Pode-se dizer que é uma comida-bebida de praia, um ancestral do sorvete. O raspa-raspa lembra a tão conhecida granita italiana, uma sobremesa ou *intermezzo* composta de açúcar e água com sabor de fruta ou bebida alcoólica, que deve ser granulada e ter aspecto cristalino proporcionado pelo gelo. O gelo ralado absorve o xarope escolhido pelo freguês. As garrafas, com seus líquidos coloridos, fazem alusão às frutas – e aí, novamente, o coco está presente nessa mistura deliciosa.

As receitas a seguir buscam respeitar as medidas indicadas conforme os seus textos originais, que são vistos como textos etnográficos e culinários. Na maioria, foram obtidas por meio de observações e de depoimentos.

Cocada angolana

Ingredientes

1 ℓ de água
1 kg açúcar
2 cravos-da-índia
a polpa ralada de 2 cocos
300 mℓ de leite de vaca
canela a gosto

Modo de fazer Põe-se no fogo a água com o açúcar e os cravos até obter o ponto de pérola. Retiram-se os cravos e junta-se o coco ralado até cozinhar. Acrescenta-se então o leite de vaca, deixa-se ferver. Coloca-se numa travessa e polvilha-se com canela.

Nota Podem-se juntar 8 a 10 gemas de ovo em vez de leite de vaca. Chama-se então "cocada amarela". Não se deixa ferver depois de juntar as gemas: mantém-se o fogo brando até que, mexendo com uma colher de pau, se veja o fundo da panela em que está sendo preparado o doce. Coloca-se em copinhos ou taças e polvilha-se com canela.

Antilhas: Guadalupe

Creme queimado de coco

Ingredientes

leite de 2 cocos
1 vagem de baunilha
6 gemas
1 xícara (chá) de açúcar
1 xícara (chá) de açúcar demerara

Modo de fazer Ferve-se o leite de coco com a baunilha. Depois, misturam-se muito bem as gemas e o açúcar ao leite de coco temperado e leva-se esse creme ao forno. Depois de pronto e na temperatura ambiente, o creme vai ao congelador. Antes de servir, cobre-se o creme com o açúcar demerara e, com o uso de um ferro quente, queima-se a superfície.

Frango ao coco

Ingredientes

1 frango
3 dentes de alho
sumo de 3 limões
2 colheres (sopa) de *curry*
3 tomates
2 cebolas
leite de 1 coco
polpa ralada de 1 coco
pimenta e sal a gosto

Modo de fazer O frango é cortado em pedaços e temperado com o alho, o sal, a pimenta, o sumo de limão e o *curry*. Os tomates são adicionados às cebolas fritas em uma panela, e os pedaços do frango são levados para cozinhar nesse molho; aí se acrescenta o leite de coco. Com o frango já pronto, acrescenta-se o coco ralado.

Torta de coco

Ingredientes

500 g de farinha de trigo
2 cocos ralados
2 xícaras (chá) de açúcar
2 ovos
200 g de manteiga
1 ℓ de água
sal a gosto

Modo de fazer a massa folhada Misturam-se a farinha de trigo, a água, os ovos e o sal. Em seguida, acrescenta-se a manteiga e se amassa novamente. A massa folhada é aberta na tábua enfarinhada.

Modo de fazer o recheio Com o coco ralado e o açúcar, faz-se um doce do tipo cocada. A massa folhada, disposta num recipiente apropriado, recebe o doce de coco como um recheio e segue para o forno.

Vermelho com leite de coco

Ingredientes

1 kg de peixe de carne firme, em especial o vermelho
1 cebola
sumo de 4 limões
leite de 1 coco
2 ovos
2 tomates
sal a gosto

Modo de fazer O peixe, já limpo, é disposto em tiras e deixado por algum tempo de molho em um recipiente com uma mistura de limão e cebola ralada. Em seguida, o peixe é cozido e agregam-se o leite de coco, os ovos cozidos, os tomates e o sal. Está pronto para servir.

Arroz de coco

Ingredientes
2 xícaras (chá) de arroz
leite de 1 coco
água para cozinhar o arroz
sal a gosto

Modo de fazer Quando o arroz estiver quase cozido e com pouca água, acrescentar o leite de coco. Acertar o ponto de sal. Prosseguir o cozimento, até que o arroz fique glutinoso.

Arroz-doce

Ingredientes
1 xícara (chá) de arroz
leite de 1 coco
açúcar
erva-doce
canela em pó
sal a gosto

Modo de fazer Cozinhe o arroz em água e uma pitada de sal. Quando estiver quase cozido, acrescente o leite de coco, a erva-doce e açúcar a gosto. Deixe secar. Para servir, polvilhe com canela em pó.

Bacalhau ao leite de coco

Ingredientes
2 kg de bacalhau
2 cebolas grandes
4 tomates grandes
2 pimentões
6 dentes de alho
2 ramos de coentro
leite de 2 cocos
2 colheres (chá) de colorau
azeite de oliva
sal a gosto

Modo de fazer De véspera, pôr o bacalhau de molho em água, para tirar o sal. Limpar e desfiar o bacalhau. Cortar as cebolas, os tomates e os pimentões em rodelas. Colocar todos os ingredientes e temperos numa panela (o alho deve ser amassado) e levar para cozinhar. Quando estiver quase pronto, acrescentar o leite de coco.

Beiju de mandioca

Ingredientes
1 kg de massa de mandioca lavada e peneirada
2 xícaras (chá) de goma seca (polvilho)
a polpa de 1 coco ralada bem fino
sal a gosto

Modo de fazer Juntar a mandioca, a goma e o sal, e peneirar. Em seguida, agregar o coco ralado. Numa frigideira, espalhar uma camada fina da mistura até assar. Depois, pode-se servir com manteiga de garrafa ou regar com leite de coco.

Bolinho de estudante

Ingredientes

250 g de tapioca
1 xícara (chá) de coco ralado
½ xícara (chá) de açúcar
1 xícara (chá) de leite de vaca
óleo suficiente para fritar
açúcar e canela para polvilhar

Modo de fazer Num recipiente, todos os ingredientes são amassados com as mãos até a massa ficar homogênea. Em seguida, fazem-se bolinhos com essa massa. Põe-se o óleo para aquecer e fritam-se os bolinhos. Depois, pulveriza-se com açúcar e canela.

Bolinhos de goma

Ingredientes

1 kg de goma seca (polvilho)
leite de 2 cocos sem água
1 colher (sopa) de manteiga
2 gemas de ovos
açúcar a gosto

Modo de fazer Amassam-se bem os ingredientes com as mãos, até que se possam fazer os bolinhos. Decoram-se os bolinhos marcando os dentes do garfo na massa. Leva-se ao forno quente para assar num tabuleiro.

Bolo de aipim[6]

Ingredientes

1 kg de massa de aipim cozido em água e sal
250 g de açúcar
50 g de manteiga
1 ovo
leite de 1 coco
1 colher (chá) de sal

Modo de fazer O aipim é amassado ou espremido num espremedor de batatas. Todos os ingredientes são misturados, menos o leite de coco e o sal. Tudo deve ficar como um creme, que é despejado em forminhas untadas com manteiga e levado para assar no forno. Depois de assados, regam-se os bolinhos com o leite de coco misturado ao sal.

Bolo de mandioca

Ingredientes

3 xícaras (chá) de açúcar
1 xícara (chá) de manteiga
5 xícaras (chá) de massa de mandioca
1 xícara (chá) de leite de coco
3 ovos
sal a gosto

Modo de fazer Bater o açúcar com a manteiga até obter uma mistura homogênea. Acrescentar a massa de mandioca, o leite de coco, as gemas e o sal; por fim, agregar as claras batidas. Assar em forno quente, preaquecido, em fôrma untada com manteiga e farinha de trigo.

6 O mesmo que macaxeira ou mandioca, no Nordeste.

Bolo de são João

Ingredientes
14 gemas
½ kg de açúcar
120 g de manteiga
leite de 1 coco
1 kg de massa de mandioca lavada

Modo de fazer Bater bem as gemas com o açúcar. Juntar a manteiga e o leite de coco. Acrescentar a massa de mandioca e continuar a bater até obter uma mistura bem homogênea. Leva-se ao forno para assar em fôrma untada com manteiga.

Bolo pé de moleque

Ingredientes
6 xícaras (chá) de massa de mandioca
leite de 1 coco
4 ovos
3 colheres (sopa) de manteiga
500 g de açúcar mascavo
1 xícara (chá) de castanhas de caju pisadas ou piladas
½ xícara (chá) de castanhas de caju inteiras
chá de erva-doce, café, cravo e sal a gosto

Modo de fazer Peneirar a massa de mandioca. Acrescentar o leite de coco, os ovos, a manteiga, o açúcar, o sal, as castanhas pisadas ou piladas, 1 xícara (chá) de café forte e 1 xícara (chá) de infusão concentrada de erva-doce e cravo. Misturar bem todos os ingredientes. Colocar as castanhas de caju inteiras sobre o bolo antes de seguir para o forno. Assar em fôrma untada com manteiga.

Bom-bocado

Ingredientes

2 xícaras (chá) de açúcar
2 xícaras (chá) de água
o leite e a polpa ralada de 1 coco
6 gemas
2 xícaras (chá) de leite de vaca
1 xícara (chá) de farinha de trigo
1 xícara (chá) de queijo parmesão ralado

Modo de fazer Levar ao fogo uma panela com a água e o açúcar, e mexer até obter uma calda em "ponto de fio". Acrescentar à calda o leite de coco, o coco ralado, as gemas, o leite de vaca, a farinha de trigo e por fim o queijo ralado. Misturar tudo até ficar homogêneo. A massa pode ser assada em forminhas de empada ou em fôrma de bolo.

Bredo de coco

Ingredientes

2 molhos de bredo
1 cebola grande
2 tomates grandes
1 ramo de coentro
1 ramo de cebolinha
1 colher (chá) de colorau
6 dentes de alho
1 colher (sopa) de óleo
leite de 1 coco
sal a gosto

Modo de fazer O bredo (apenas as folhas) é cozido no vapor em uma panela tampada, sem água, até que as folhas fiquem macias. Na mesma panela acrescentam-se os outros ingredientes picados, o colorau, o óleo e, por último, o leite de coco. Quando ferver, o prato estará pronto.

Canjica

Ingredientes
50 espigas de milho-verde
leite de 4 cocos grandes
100 g de manteiga
500 g de açúcar
sal, cravo e canela em pó e em pau a gosto

Modo de fazer Ralar o milho. Depois, espremê-lo numa urupema e reservá-lo numa panela funda. Acrescentar a manteiga, o açúcar e o sal. Levar ao fogo e mexer até ferver. Acrescentar o leite de coco, o cravo e a canela em pau. Mexer sem parar, até começar a soltar do fundo da panela. Colocar numa travessa e polvilhar com canela em pó.

Cocada de batata de umbu

Ingredientes
½ arroba (7,35 kg) de açúcar
polpa ralada de 2 cocos médios
1 ½ kg de batatas de umbu

Modo de fazer As batatas de umbu, depois de lavadas e raspadas, são passadas na máquina de espremer batatas comuns. Faz-se uma calda com água e açúcar, e mistura-se à massa, que segue para cozinhar. Acrescentam-se os cocos ralados. A massa é posta para esfriar e secar sobre uma pedra.

Cocada quebra-queixo

Ingredientes
polpa ralada de 2 cocos
1 kg de açúcar
cravo a gosto

Modo de fazer Faz-se da mesma maneira que a cocada comum, misturando-se o coco ralado, o açúcar e o cravo. Leva-se ao fogo tendo-se, entretanto, o cuidado de "apertar" o ponto. Fica um pouco mais dura; daí o nome quebra-queixo.

Cuscuz de mandioca

Ingredientes
250 g de massa de mandioca
polpa ralada de 1 coco
sal a gosto

Modo de fazer Lavar bem a massa; espremê-la e, depois de seca, peneirá-la. Preparar o cuscuz, misturando a massa ao coco ralado, temperando-a com sal e colocando-a numa cuscuzeira.

Ensopado de bacalhau

Ingredientes
1 kg de bacalhau
1 cebola
2 tomates
1 pimentão
500 g de batata
leite de 1 coco
1 colher (sopa) de azeite de oliva
6 dentes de alho
sumo de 1 limão
1 ramo de salsa
1 ramo de coentro
sal a gosto

Modo de fazer Dessalgar o bacalhau. Aferventar o bacalhau para limpá-lo, retirando as espinhas e a pele. Juntar a cebola, os tomates, o pimentão e o alho num refogado com azeite de oliva. Acrescentar o bacalhau, a batata e o leite de coco e deixar cozinhar. Temperar, após o cozimento, com limão, salsa, coentro e sal.

Ensopado de camarão

Ingredientes
1 kg de camarões frescos
2 cebolas
1 tomate
1 pimentão
500 g de chuchu
leite de 1 coco
1 colher (sopa) de azeite de oliva
4 dentes de alho
1 ramo de coentro
1 ramo de salsa
pimenta-do-reino
sal a gosto

Modo de fazer Os camarões são cozidos com parte da cebola e sal. Numa panela à parte, faz-se um refogado com tomate, cebola, pimentão, alho, coentro, salsa e azeite de oliva. Em seguida, acrescentam-se o chuchu, a pimenta-do-reino e os camarões. No final do cozimento, agrega-se o leite de coco.

Feijão de coco

Ingredientes

500 g de feijão-mulatinho
2 ℓ de água
leite de 1 coco
1 cebola grande
2 tomates
1 ramo de coentro
1 ramo de cebolinha
3 dentes de alho
1 colher (chá) de cominho, 1 colher (chá) de colorau, 1 colher (sopa) de óleo
sal a gosto

Modo de fazer O feijão é posto de molho no dia anterior. Numa panela com água, é colocado o feijão para cozinhar com os demais ingredientes, exceto o leite de coco. Quando o feijão estiver quase cozido, acrescenta-se o leite de coco.

Frigideira de camarão

Ingredientes
1 kg de camarão
2 pães franceses
250 g de chuchu
leite de 1 coco
6 ovos
1 tomate
1 cebola
1 colher (sopa) de azeite de oliva
1 ramo de coentro
pimenta-do-reino
sal a gosto

Modo de fazer Cozinham-se os camarões e reserva-se a água. Nessa água, cozinham-se os pães e o chuchu, temperando com sal e pimenta-do-reino. Quando o chuchu estiver quase cozido, acrescentam-se os camarões, o leite de coco e o coentro. Tudo o que foi cozido é passado num espremedor de batatas para dar uma textura melhor à massa. Numa fôrma untada com azeite de oliva ou numa frigideira, coloca-se a massa, que é recoberta com os ovos batidos, e decora-se com os tomates e as cebolas cortados em rodelas. Leva-se ao forno para assar.

Fritada à pernambucana

Ingredientes

1 kg de peixe em postas
2 tomates
1 cebola
1 pimentão
50 g de azeitonas
a polpa ralada de 1 coco
6 ovos
6 colheres (sopa) de farinha de rosca
1 ramo de salsa
4 colheres (sopa) de azeite
sal a gosto

Modo de fazer Fritar as postas de peixe. Fazer um molho com azeite, tomates, cebola, pimentão, azeitonas, salsa e sal. Levar o molho ao fogo e, quando estiver quase pronto, juntar o coco ralado. Misturar tudo com o peixe frito. Bater as claras em neve, agregar as gemas e acrescentar a farinha de rosca. Despejar sobre o peixe. Colocar tudo numa frigideira, já com óleo quente, e fritar.

Jacaré ao leite de coco[7]

Ingredientes
500 g de carne de jacaré (cauda, dorso, filé-mignon)
1 colher (sopa) de pimenta-de-caiena
1 colher (chá) de açafrão
leite de 1 coco
1 maço de hortelã
6 colheres (sopa) de óleo
sal a gosto

Modo de fazer Temperar a carne cortada em tiras com sal e pimenta-de-caiena. Fritar em óleo bem quente e adicionar o açafrão. Em seguida, acrescentar o leite de coco e as folhas de hortelã.

Lelê de milho

Ingredientes
250 g de milho vermelho pilado
100 g de açúcar
1 *l* de água
o leite e a polpa ralada de 1 coco
1 colher (chá) de sal
cravo e canela em pau a gosto

Modo de fazer O milho fica de molho desde o dia anterior para amolecer. Depois, é cozido na água com o açúcar, o leite de coco, os cravos, a canela e o sal, até virar um mingau. Pode ser enformado ou colocado em porções individuais. Para servir, polvilhar com coco ralado. Há receitas em que se acrescenta limão à massa de milho.

7 A carne de jacaré só pode ser adquirida de criadores autorizados a comercializá-la (N. E.).

Manuê de milho

Ingredientes

250 g de farinha de milho
leite de 1 coco
1 colher (sopa) de manteiga derretida
1 colher (chá) de canela em pó
sal e açúcar a gosto

Modo de fazer Misturar os ingredientes, exceto a manteiga, até a massa ficar homogênea. Pôr em forminhas untadas com manteiga e levar ao forno para assar.

Manuê na folha da bananeira

Ingredientes

2 xícaras (chá) de massa de mandioca lavada e espremida
leite de 1 coco
2 colheres (sopa) de açúcar
1 colher (sopa) de manteiga
sal a gosto

Modo de fazer Misturar todos os ingredientes, amassando-os com as mãos. Ainda com as mãos, moldar tirinhas roliças e pequenas. Levar as tirinhas de massa para assar na grelha, sobre folhas de bananeira.

Mingau de milho-verde

Ingredientes

5 espigas de milho-verde
leite de 1 coco
1 ℓ de água
50 g de manteiga
30 g de açúcar
1 colher (chá) de sal
cravo e canela em pau a gosto

Modo de fazer As espigas de milho são raladas. À massa de milho acrescentam-se a água e os outros ingredientes. Tudo vai ao fogo até se obter a consistência de mingau líquido.

Mungunzá de beber

Ingredientes

500 g de milho branco
leite de 2 cocos
sal, açúcar e canela em pau a gosto

Modo de fazer De véspera, pôr o milho de molho. Cozinhar na água e, quando estiver quase pronto, acrescentar o leite de coco, o açúcar, a canela e o sal.

Mungunzá salgado

Ingredientes
500 g de milho branco
polpa ralada de 1 coco grande
água, sal a gosto

Modo de fazer Cozinhar o milho em água e sal; quando estiver cozido e sem caldo, juntar o coco ralado. Cozinhar até soltar do fundo da panela. Despejar em uma travessa e deixar esfriar.

Tapioca

Ingredientes
250 g de goma de tapioca
polpa ralada de 1 coco
sal a gosto

Modo de fazer Peneirar a goma e temperá-la com sal. Esquentar bem uma frigideira. Espalhar a goma em uma fina camada, até cobrir o fundo da frigideira. Colocar um pouco de coco ralado sobre o disco de tapioca, dobrá-lo ao meio e deixar assar.

Tapioca molhada

Ingredientes

250 g de goma de tapioca
o leite e a polpa de 1 coco ralado
açúcar, canela e sal a gosto

Modo de fazer Peneirar a goma e temperá-la com sal. Esquentar bem uma frigideira. Espalhar a goma em uma fina camada, até cobrir o fundo da frigideira. Colocar um pouco de coco ralado sobre o disco de tapioca e dobrá-lo ao meio. Arrumar as tapiocas já prontas numa travessa, regá-las com leite de coco e servi-las quentes, polvilhadas com açúcar e canela.

Vatapá

Ingredientes

10 pães pequenos
leite de 1 coco
250 g de camarões secos
1 pedaço pequeno de gengibre
50 g de amendoim torrado
50 g de castanha de caju
2 cebolas
250 g de camarões frescos
500 g de peixe
200 mℓ de azeite de dendê
sal a gosto

Modo de fazer Colocar os pães de molho no leite de coco até amolecerem. Bater a massa resultante até ficar homogênea. Triturar os camarões secos, o gengibre, o amendoim, a castanha de caju e as cebolas para formar um molho grosso. Numa panela, colocar a massa, o molho grosso e o dendê; levar ao fogo, mexendo sem parar até cozinhar. Acrescentar o camarão fresco e o peixe cozido em pedaços. Depois de tudo pronto, colocar um pouco mais de dendê.

Filipinas

Halo Halo

Ingredientes
1 melão pequeno picado
2 colheres (sopa) de grãos de milho cozidos previamente
2 colheres (sopa) de abacate picado
o leite e a polpa ralada de 1 coco

Modo de fazer Misturar o melão, o milho e o abacate e colocar a mistura sobre gelo. Cobrir tudo com coco ralado e regar com leite de coco. Levar ao congelador. Servir.

Sorvete de nata de coco

Ingredientes
2 xícaras (chá) de nata de coco (ver Glossário)
1 xícara (chá) de leite
3 gemas
1 xícara (chá) de açúcar

Modo de fazer Misturar a nata de coco, o leite, as gemas e o açúcar. Levar ao congelador. Servir.

Banana guisada com carne

Ingredientes

1 kg de carne magra picada
250 mℓ de água
2 colheres (sopa) de óleo vegetal
2 cebolas grandes picadas
1 tomate maduro grande descascado e picado
leite de 1 coco
5 bananas verdes
250 g de ervilhas
sal e pimenta a gosto

Modo de fazer Cozinhar a carne com água e sal até ficar macia. Aquecer o óleo em uma panela e fritar as cebolas; adicionar o tomate e pimenta à carne. Cozinhar até amaciar os tomates. Adicionar o leite de coco. Mexer sempre, até que a mistura se reduza. Descascar e cortar as bananas em pedaços grandes; adicioná-las, juntamente com as ervilhas. Deixar até que ferva.

Havaí

Haupia

Ingredientes
1 xícara (chá) de amido de milho
1 xícara (chá) de leite de vaca
o leite e a polpa ralada de 1 coco
1 xícara (chá) de açúcar

Modo de fazer Misturar o amido de milho, o açúcar, o leite de vaca, o leite e a polpa ralada do coco. Cozinhar tudo até adquirir a consistência de um mingau. Colocar a massa em um recipiente e levar ao refrigerador. Antes de servir, colocar mais coco ralado sobre a massa.

Allá bellé

Ingredientes
1 coco ralado
jagra
1 xícara (chá) de farinha de trigo
½ colher (sopa) de manteiga
2 xícaras (chá) de leite
2 xícaras (chá) de água
1 ovo
½ colher (chá) de fermento
sal a gosto

Modo de fazer Para o recheio, o coco ralado é acrescido de jagra, formando a massa conhecida como "chun". Para os crepes, misturar a farinha, a água, o fermento, o sal e o leite à manteiga derretida. Depois, adicionar o ovo batido. A massa deve ficar bem homogênea. Então, numa frigideira untada com manteiga, pôr a massa a colheradas. Os crepes são recheados com "chun" e estão prontos para o consumo.

Apas recheadas

Ingredientes

2 xícaras (chá) de açúcar
4 ovos
2 xícaras (chá) de sêmola de arroz
polpa ralada de 1 coco
1 colher (sopa) de óleo
4 xícaras (chá) de água

Modo de fazer Para a massa, utiliza-se xícara de açúcar e 2 ovos inteiros. Tudo deve ser bem misturado. Adicionam-se a sêmola de arroz e 2 xícaras de água; a massa deve ficar quase líquida, para então ser assada numa frigideira untada com óleo. Para o recheio, o coco ralado, 1 xícara de açúcar e 2 xícaras de água são utilizados para se fazer um doce de coco, de consistência mole. Adicionam-se 2 gemas ao doce e bate-se bem. A massa é recheada e está pronta para servir.

Batica

Ingredientes

500 g de açúcar
polpa ralada de 2 cocos
500 g de sêmola de trigo
2 colheres (sopa) de *ghee*
6 gemas
1 ℓ de água

Modo de fazer Inicia-se com a feitura de uma calda de açúcar para ficar em ponto de pérola. Adicionam-se o coco ralado e, depois, a sêmola de trigo. Quando o doce esfriar, acrescentam-se o *ghee* e as gemas, e bate-se bem até a mistura ficar homogênea. Tudo é colocado em uma fôrma untada e segue para assar no forno.

Bertalha com ovos escalfados

Ingredientes
leite de 1 coco
2 maços grandes de bertalha
4 dentes de alho
2 ramos de coentro
1 colher (chá) de cominho
1 colher (chá) de cúrcuma
4 ovos
2 colheres (sopa) de óleo
1 cebola
1 xícara (chá) de lentilhas vermelhas cozidas previamente
sal a gosto

Modo de fazer A bertalha é cozida (somente as folhas) e misturada ao leite de coco, ao alho amassado, ao coentro, ao cominho, ao sal e à cúrcuma. Depois, tudo segue para ser refogado no óleo com a cebola; e, aí, acrescenta-se a lentilha vermelha, e os ovos são abertos sobre esse refogado. Está pronto para servir.

Caldinho ou caril doce

Ingredientes

1 coco ralado
1 colher (chá) de cominho
1 colher (sopa) de coentro desidratado
½ colher (chá) de cúrcuma
3 dentes de alho
1 pedaço pequeno de gengibre
3 cebolas
3 pimentas-malaguetas
100 g de camarão
4 colheres (sopa) de óleo

Modo de fazer O coco ralado, o cominho, o coentro, a cúrcuma, o alho e o gengibre são processados e coados. Depois, essa massa deve ser refogada com o óleo e as cebolas. Na sequência, acrescentam-se as malaguetas e por último os camarões. Deixa-se ferver e está pronto para servir.

Catcotem

Ingredientes

2 cocos ralados
4 pimentas-malaguetas
2 colheres (chá) de cúrcuma
2 colheres (chá) de cominho
2 colheres (sopa) de coentro desidratado
2 colheres (sopa) de açúcar
uma bola de tamarindo (massa) de 100 g
100 g de quiabo
100 g de cenoura
150 g de batata-inglesa
150 g de abóbora
150 g de pepino
150 g de inhame
120 g de ervilha
100 g de feijão-verde
100 g de berinjela
100 g de lentilha vermelha
150 g de feijão-manteiga
6 colheres (sopa) de óleo
1 colher (chá) de grãos de mostarda
sal a gosto

Modo de fazer Faz-se o sumo grosso com o coco ralado, as malaguetas, a cúrcuma, o cominho, o coentro, o açúcar, o tamarindo e o sal. Picados no formato desejado, põem-se os legumes a cozer, juntamente com as lentilhas. Depois, acrescentam-se o feijão-manteiga já cozido, o sumo grosso de coco e os temperos aos legumes cozidos. Na sequência, faz-se um refogado com o óleo e os grãos de mostarda, para, então, misturar tudo. Servir em seguida.

Cocada

Ingredientes
polpa ralada de 4 cocos grandes
900 g de açúcar
1 ℓ de água
1 colher (chá) de essência de baunilha

Modo de fazer Os cocos são ralados. Faz-se uma calda com água e açúcar em ponto de pérola e adiciona-se o coco, mexendo-se até engrossar e ficar em ponto de bala, quase sólido. A massa ainda quente é acrescida de baunilha. Tudo é colocado em uma tábua, e, então, essa massa é recortada com uma faca em diferentes formatos.

Doce baji

Ingredientes
250 g de trigo
250 g de açúcar
2 colheres (sopa) de *ghee*
leite de 1 coco

Modo de fazer Numa panela o trigo é cozido com o açúcar, o *ghee* e o leite de coco. Quando o doce estiver soltando do fundo da panela, está pronto para ser servido.

Doce de grão

Ingredientes
1 kg de lentilha
2 ℓ de água
1 kg de açúcar
polpa ralada de 4 cocos
1 xícara (chá) de sumo de limão
1 colher (sopa) de manteiga

Modo de fazer Numa panela, põe-se a lentilha para cozinhar. Quando estiver cozida, acrescentam-se o açúcar, o coco ralado, o limão e a manteiga, continuando o cozimento até a massa adquirir uma consistência quase sólida. Depois, numa tábua, despeja-se a massa para esfriar e recorta-se em formatos desejados, como se faz com a cocada.

Ganti de mung dal grelado

Ingredientes
250 g de *mung dal*
½ pimenta-malagueta
1 colher (chá) de pimenta-do-reino ou pimenta-do-ceilão
½ colher (chá) de cúrcuma
½ colher (chá) de assa-fétida
polpa ralada de 1 coco
½ colher (chá) de mostarda em grãos
5 folhas de *caripat*
1 colher (sopa) de água de tamarindo
1 ℓ de água
2 colheres (sopa) de óleo
sal a gosto

Modo de fazer O *mung dal* fica de molho por toda uma noite. Depois, é pendurado por um dia em um saco de tecido até grelar (germinar). Em seguida, é descascado. As pimentas, a cúrcuma, o sal e a assa-fétida serão tostados e misturados ao coco ralado e à água de tamarindo. O *mung dal* é cozido, acrescentando-se a mistura feita com o coco ralado. Em seguida, é refogado no óleo com a mostarda e as folhas de *caripat*. Tudo é misturado para então se servir.

Guardanapos

Ingredientes
crepes prontos[8]
polpa ralada de 1 coco
2 ℓ de água
250 g de jagra

Modo de fazer Os crepes devem ser dobrados em quatro, como um guardanapo. Para o recheio, prepara-se um doce de coco feito com o coco ralado e a metade da quantidade de jagra. Depois, faz-se uma calda com o restante da jagra e a água, para despejar sobre os guardanapos.

Metiam peze

Ingredientes
1 xícara (chá) de leite de coco
1 colher (sopa) de jagra
1 colher (sopa) de arroz cozido
1 colher (chá) de alforbas

Modo de fazer Numa panela pequena, levam-se todos os ingredientes ao fogo até o cozimento. Depois, é só servir.

8 Ver o modo de fazer na receita de *Allá bellé*, p. 145.

Neurêos

Ingredientes

125 g de semolina
4 colheres (sopa) de *ghee*
250 g de lentilha vermelha
polpa ralada de 4 cocos
250 g de açúcar
1 kg de farinha de trigo
2 *l* de água
sal a gosto
óleo suficiente para fritar

Modo de fazer a massa Mistura-se bem a farinha de trigo, a semolina, o *ghee*, a água e o sal, até adquirir uma massa homogênea.

Modo de fazer o recheio Numa panela, adicionam-se à lentilha cozida o coco ralado e o açúcar, e leva-se ao fogo até ferver. O doce deve apresentar uma consistência mole. A massa é recortada como um pastel, que é recheado com esse doce. O neurêo é, então, frito em óleo quente.

Parippu

Ingredientes
1 cebola
1 pedaço pequeno de gengibre
1 colher (chá) de cúrcuma
1 xícara (chá) de lentilha vermelha
leite de 1 coco
1 colher (chá) de grãos de mostarda
1 colher (sopa) de *curry*
500 mℓ de óleo
pimenta
sal a gosto
sumo de 2 limões
500 mℓ de água

Modo de fazer Refogam-se a cebola e o gengibre moído no óleo. Juntam-se a pimenta, a cúrcuma, a água e as lentilhas até cozinhar. Então, agrega-se o leite de coco. Depois de tudo cozido, põem-se um pouco mais de óleo, a mostarda moída e o *curry*. Aguarda-se até que seque e frita-se. Acrescentam-se o sal e o sumo dos limões.

Quiabos em sumo de coco

Ingredientes

água e polpa de 1 coco
1 colher (sopa) de coentro desidratado
1 colher (chá) de cominho
½ colher (chá) de cúrcuma
3 alhos
100 g de camarão
3 cebolas
2 colheres (sopa) de água de tamarindo
1 colher (chá) de açúcar
250 g de quiabo
2 pimentas-malaguetas
óleo
sal a gosto

Modo de fazer Faz-se o sumo de coco, juntando a água e a polpa ralada do coco, o coentro, o cominho, a cúrcuma, o alho, o camarão, as cebolas, a água de tamarindo, o óleo, o açúcar e o sal. Leva-se ao fogo e deixa-se ferver. Adicionam-se os quiabos já cozidos e as pimentas-malaguetas. É uma forma tradicional de preparar, além dos quiabos, repolho, couve-flor, feijão-verde, nabo e berinjelas, entre outros legumes.

Sanans

Ingredientes

500 g de arroz
1 xícara (chá) de sura
polpa ralada de 1 coco
12 colheres (chá) de açúcar

Modo de fazer Após o arroz ficar de molho, é misturado com a sura, o açúcar e o coco ralado. Essa massa de arroz, em pequenas quantidades, é colocada em pires ou cuias e levada para cozimento no vapor. Cada porção é chamada de "sanan". São bolos de arroz para acompanhar o sarapatel. É uma receita para os dias de festa em Goa.

Sopa de mungo ao coco

Ingredientes

1 colher (sopa) de manteiga
4 pimentões verdes picados
1 pedaço pequeno de gengibre
1 colher (sopa) de *curry*
1 colher (chá) de cúrcuma
1 colher (chá) de cominho
1 xícara (chá) de mungo (feijão)
leite de 1 coco
sumo de 1 limão
1 pedaço pequeno de rapadura
500 m*l* de água
sal e pimenta a gosto

Modo de fazer Põem-se na panela a manteiga, os pimentões, o gengibre, o *curry*, a cúrcuma, o cominho, a água e o mungo para cozinhar. Quando o mungo estiver quase pronto, acrescenta-se o leite de coco. Por fim, o sumo de limão, a rapadura, sal e pimenta. Servir quente.

Suqucum de amêijoas

Ingredientes

100 amêijoas
100 dentes de alho (para cada dente de alho, 1 amêijoa)
1 pedaço médio de gengibre
1 colher (chá) de cúrcuma
1 colher (chá) de cominho
2 colheres (sopa) de coentro desidratado
1 colher (chá) de açúcar
3 pimentas-malaguetas
4 cebolas
polpa de 1 coco ralado
1 colher (chá) de água de tamarindo
2 *l* de água
8 colheres (sopa) de óleo
sal a gosto

Modo de fazer O molusco permanece na concha, que é aberta. O alho, o gengibre, a cúrcuma, o cominho, o coentro, o açúcar e as pimentas-malaguetas são processados e, na sequência, refogados com óleo e cebolas. Acrescentam-se o coco ralado, as amêijoas, a água, a água de tamarindo e sal. Tudo é então cozido.

Tisana de nachenim

Ingredientes

1 xícara (chá) de leite de coco
1 colher (sopa) de farinha de *nachenin*
1 colher (sopa) de jagra

Modo de fazer Misturam-se todos os ingredientes e leva-se ao fogo até seu cozimento. Servir em seguida.

Bungkua lemak nasi

Ingredientes

100 g de peixe seco
50 g de amendoim
1 ovo
200 g de arroz
1 pepino
leite de 1 coco
4 colheres (sopa) de óleo
1 pimenta-malagueta
sal a gosto

Modo de fazer Fritar o peixe e o amendoim no óleo. Cozinhar o ovo; em seguida, cozinhar o arroz e, quando estiver quase cozido, acrescentar o leite de coco. Depois, misturar tudo e servir sobre folha de bananeira, com o ovo cozido, pimenta e pedaços de pepino cru.

Candol

Ingredientes

100 g de arroz
100 g de feijão-vermelho
100 g de feijão-verde
leite de 1 coco
xarope de *melaka gula*
1 xícara (chá) de açúcar
gelo a gosto

Modo de fazer Cozinhar o arroz e os feijões separadamente. Depois, acrescentar o xarope de *melaka*, o açúcar e o leite de coco ao arroz e ao feijão. Tudo é colocado sobre a quantidade de gelo desejada.

Curry laksa

Ingredientes

200 g de macarrão de arroz

leite de 1 coco

1 colher (chá) de *curry* (o indicado é o *curry rempah*, à base de caril e coco)

1 ℓ de água

pimenta a gosto

Modo de fazer Cozinhar o macarrão e adicionar água aos poucos, conforme a preferência de caldo para uma sopa. Acrescentar o leite de coco, o *curry* e pimenta. Servir.

Frango Kapitan

Ingredientes

1 frango em pedaços

leite de 2 cocos

caril (feito com 10 pimentas frescas, 10 pimentas secas, 1 dente de alho e 1 ramo de cebolinha, tudo ralado e preparado para adquirir a consistência de uma pasta)

sumo de 1 limão

50 mℓ de óleo

sal a gosto

Modo de fazer O frango fica no leite de coco para ganhar gosto; em seguida, os pedaços de frango são fritos no óleo. Acrescenta-se o caril, mais um pouco de leite de coco, o sumo de limão e sal a gosto. O frango pode ser servido com arroz glutinoso sem tempero.

Kueh (ou Kuih)

Ingredientes

150 g de farinha de arroz
150 g de farinha de tapioca
150 g de farinha de milho
150 g de farinha de trigo
150 g de pinhas
leite de 2 cocos
2 xícaras (chá) de açúcar
2 ½ *l* de água

Modo de fazer Cozinhar as farinhas e as pinhas em panelas separadas. Depois, misturar tudo e acrescentar o leite de coco e o açúcar. Com essa massa, preparam-se artesanalmente bolos.

Lemang

Ingredientes

200 g de arroz
leite de 1 coco
150 g de carne de porco
1 colher (chá) de *curry*
½ *l* de água
pimenta e sal a gosto

Modo de fazer Cozinhar o arroz com o leite de coco, dentro de um pedaço de bambu, que funcionará como uma fôrma. As bordas devem ser tapadas e as paredes, revestidas com folha de bananeira para dar a textura desejada ao arroz. Levar essa fôrma diretamente ao fogo de uma fogueira. Cozinhar a carne de porco na água em uma panela, e depois acrescentar o *curry*, o sal e a pimenta. Servir tudo junto.

Nasi lemak

Ingredientes
200 g de lula
200 g de anchovas
2 xícaras (chá) de arroz
leite de 1 coco
½ frango
1 pepino
6 colheres (sopa) de óleo
pimenta a gosto

Modo de fazer Cozinhar em água a lula cortada em anéis com o frango cortado em pedaços. Fritar as anchovas. Cozinhar o arroz e, quando estiver quase pronto, adicionar o leite de coco. Misturar tudo. Adicionar a pimenta e os pedaços de pepino cru. Servir sobre folha de bananeira.

Ondah ondah

Ingredientes
100 g de farinha de arroz
200 g de arroz
leite de 1 coco
1 xícara (chá) de *melaka gula*

Modo de fazer Cozinhar a farinha de arroz e, separadamente, o arroz até que este adquira consistência glutinosa. Misturar a farinha ao arroz e fazer bolinhos de maneira artesanal. Regá-los depois com leite de coco e *melaka gula*.

Pudim de sagu

Ingredientes
2 xícaras (chá) de sagu
2 *ℓ* de água
leite de 1 coco
1 xícara (chá) de *melaka gula*

Modo de fazer Cozinhar o sagu na água até obter a consistência de gelatina. Levá-lo para gelar e, depois, adicionar o leite de coco e o *melaka gula*. Está pronto para servir.

Puttu

Ingredientes
250 g de farinha de arroz
o leite e a polpa ralada de 1 coco

Modo de fazer Misturar a farinha com o leite e a polpa ralada do coco. Essa massa é cozida dentro de um pedaço de bambu, com as bordas tapadas, que funcionará como uma fôrma. A massa deve ser assada no fogo de uma fogueira. Depois, é desenformada e servida em rodelas.

Moçambique

Caril[9] de amendoim

Ingredientes
1 kg de carne de boi ou frango
150 g de camarões secos
100 g amendoim
o leite e a polpa de 1 coco
pimenta-malagueta
5 colheres (sopa) de óleo
sal a gosto

Modo de fazer A carne, cortada em pedaços, é cozida. Em seguida, faz-se um refogado com os camarões secos, o amendoim, a polpa do coco, a pimenta-malagueta, o sal, o óleo e o leite de coco. Depois, acrescenta-se a carne ao refogado.

Caril de caranguejo

Ingredientes
500 g de carne desfiada de caranguejo
leite de 1 coco
2 tomates
3 dentes de alho
1 colher (chá) de caril
4 colheres (sopa) de óleo
sal a gosto

Modo de fazer Cozinhar a carne de caranguejo no leite de coco. O refogado é preparado com tomate, alho, caril, óleo e sal. Acrescentar o refogado sobre a carne no final do cozimento.

9 Caril, em Moçambique, é a designação para o molho de piripiri.

Doce de mandioca

Ingredientes
1 kg de mandioca
leite de 2 cocos
750 g de açúcar
canela a gosto

Modo de fazer Descasca-se a mandioca, corta-se em pequenos pedaços e cozinha-se na água. Quando ela estiver quase cozida, acrescentam-se o leite de coco e o açúcar e deixa-se cozinhar até amolecer. Coloca-se o doce numa compoteira e polvilha-se com canela.

Galinha à moda da Zambézia

Ingredientes
1 galinha
sumo de 1 limão
leite de 1 coco
3 colheres (sopa) de azeite
piripiri
sal a gosto

Modo de fazer Tempera-se a galinha cortada em pedaços com sal, sumo de limão e piripiri. Unta-se a galinha com o leite de coco misturado com o azeite. A galinha é grelhada em fogo de carvão.

Matapá

Ingredientes

1 kg de folhas de mandioca
leite de 2 cocos
500 g de amendoim
1 kg de camarões ou de carne de caranguejo
sal a gosto

Modo de fazer Cozinham-se as folhas de mandioca, trocando-se a água do cozimento várias vezes. Esse procedimento, que em geral leva um dia inteiro, é importante para retirar a toxicidade das folhas. Acrescentam-se às folhas já cozidas o leite de coco, o amendoim e o sal. Agregam-se os camarões (já cozidos e descascados) ou a carne de caranguejo já cozida, e deixa-se apurar em fogo brando.

Coquito

Ingredientes
leite de 1 coco
3 gemas
100 g de amido de milho
1 colher (chá) de essência de baunilha
canela
1 copo pequeno de rum Canita

Modo de fazer Cozinhar o leite de coco, as gemas, o amido de milho e a baunilha. Acrescentar o rum e pulverizar com canela.

Majarete

Ingredientes
4 espigas de milho
4 xícaras (chá) de leite de vaca
polpa ralada de 2 cocos
2 colheres (sopa) de amido de milho
1 xícara (chá) de açúcar
1 colher (chá) de essência de baunilha
canela em pau e canela em pó a gosto

Modo de fazer O milho ralado, o leite, a polpa ralada dos cocos, o amido de milho, o açúcar e a essência de baunilha são levados ao fogo para cozinhar, até obterem a consistência de um mingau. Essa massa é colocada em recipientes e levada ao refrigerador. Antes de servir, adiciona-se a canela em pau e pulveriza-se com a canela em pó.

Margarita azul

Ingredientes
1 dose de tequila
1 dose de rum com coco
1 limão
1 laranja
1 dose de curaçau
gelo a gosto

Modo de fazer Misturar tudo numa coqueteleira e servir.

Tembleque

Ingredientes
3 xícaras (chá) de leite de vaca
leite de 1 coco
polpa de 1 coco ralado
1 xícara (chá) de açúcar
½ xícara (chá) de amido de milho
1 colher (chá) de essência de baunilha

Modo de fazer Misturar o leite de vaca, o leite de coco, o coco ralado, o amido de milho, o açúcar e a essência de baunilha. Cozinhar até obter a consistência de um mingau. Colocar a mistura em recipientes e levar ao refrigerador. Servir.

Dom ka gai

Ingredientes
½ frango
leite de 2 cocos
sal e pimenta a gosto

Modo de fazer O frango em pedaços é temperado com sal e pimenta para então ser grelhado. Regar com muito leite de coco antes de servir.

Gung peneng

Ingredientes
200 g de acelga
250 g de camarão
50 g de gengibre
leite de 1 coco
2 abacaxis
sal a gosto

Modo de fazer Numa panela com água, cozinhar a acelga com o camarão. Acrescentar o gengibre ralado, o sal e o leite de coco. Servir essa comida nas metades escavadas de abacaxi.

Maprao pao

Ingrediente
1 coco verde pequeno

Modo de fazer O coco verde é descascado e em seguida assado sobre uma grelha. É servido em pedaços.

Sushi quente

Ingredientes
500 g de arroz
200 g de camarão
leite de 1 coco
pimenta a gosto
alga *nori* para envolver o *sushi*

Modo de fazer Cozinhar o arroz com o leite de coco e temperar a gosto com a pimenta. Com os camarões já cozidos, montar cada *sushi* com a alga. Servir quente.

Tilápia ao coco

Ingredientes
6 filés de tilápia
2 colheres (sopa) de caril
sumo de 2 limões
leite de 1 coco
200 g de espinafre
2 cebolas grandes
6 colheres (sopa) de óleo
sal e pimenta a gosto

Modo de fazer Aquecer o óleo e fritar as cebolas e os filés de tilápia. Agregar o caril, o limão, o leite de coco, sal e pimenta. Depois de refogar, colocar a tilápia sobre o espinafre já cozido e temperar com mais pimenta.

GLOSSÁRIO

A

Abado Prato preparado com milho torrado, que pode ser passado na máquina, tornando-se uma espécie de farinha. Para a feitura desse alimento ritual, é utilizado o milho vermelho. O abado também é chamado de "oxoxô" ou "axoxó". Contudo, o axoxó convencional é preparado com milho e coco. O milho é colocado sem água depois do cozimento no prato votivo do orixá.

Abará Massa preparada com feijão-fradinho, camarão seco e dendê. O feijão fica de molho até soltar a casca. Seu preparo é semelhante ao do acarajé. São feitos bolinhos envoltos em folhas de bananeira assada – passada rapidamente sobre o fogo para ficar flexível. A massa é cozida em banho-maria.

Aberém A massa de milho branco é preparada do mesmo modo que para o acaçá. Com a massa, são moldadas bolas que são cozidas em banho-maria. As folhas de bananeira servem para envolver o aberém. Essa comida pode ser servida com o amalá e com mel de abelha. Quando preparada à base de açúcar, é consumida como qualquer doce.

Acaçá Pode ser branco ou vermelho. O milho é ralado na pedra. A massa resultante é preparada de modo que fique a mais fina possível, devendo-se utilizar a peneira. A massa fica de molho na água (que é trocada) por um dia inteiro, para azedar. Depois, é cozida em outra água. O grosso mingau, retirado com colher de pau, é colocado em pedaços de folhas de bananeira, preparadas mediante aquecimento no fogo para adquirir a textura desejada. O acaçá é esfriado geralmente em utensílio de louça branca ou ágata. Este é o acaçá branco, também conhecido como ecó. O acaçá vermelho é feito com milho vermelho ou fubá de milho.

Açafrão da índia Ver *curry*.

Açúcar de coco Ver *açúcar de palmeira*.

Açúcar demerara Ver *açúcar mascavo*.

Açúcar de palmeira Ver *gula melaka*.

Açúcar mascavo Qualidade de açúcar obtido na etapa seguinte à produção da rapadura. Tem coloração verde-escura. Também conhecido como açúcar mulato, mulatinho e preto.

Ado O milho debulhado é torrado e passado pelo moinho, para virar uma farinha. O ado, preparado com azeite de dendê e mel de abelha, é servido em pequenas porções, em pratos de louça.

Ágar-ágar Produto extraído de algas marinhas para fazer gelatina, utilizado em pratos das cozinhas tradicionais da Ásia.

Água de Rubinat Tipo de água mineral de uso comum, principalmente, no século XIX. Também chamada de água de Rubinat Condal.

Água de tamarindo Tipo de refresco feito com tamarindo (*Tamarindus indica*), fruta proveniente do continente africano e da Índia. É uma mistura de açúcar, água e a polpa da fruta. Os ingredientes são fervidos. A água de tamarindo está na categoria de "águas frescas", como são chamadas essas misturas no México. Há uma variedade de águas aromatizadas, com cores e sabores especiais, conforme as frutas. Exemplos: água de goiaba; água de manga; água de melão; água de pinha; hochata, uma mistura de arroz e canela. Essas águas também são usadas para temperar diferentes alimentos.

Ajeum Termo corrente e usual nas tradições afrodescendentes. Procede do verbo "je" (iorubá) e significa comer. Identifica os momentos cerimoniais da comida: "vamos fazer um ajeum". É um convite para se comer.

Albúmen Tecido rico em nutrientes que envolve o embrião na semente. O mesmo que endosperma.

Alforba Conhecido como feno-grego (*Trigonella foenum graecum*). O mesmo que alfavaca, alfavaca cheirosa, alfavaca-da-guiné, alforva, alforma. Suas folhas verdes são preparadas da mesma forma que o espinafre nas receitas indianas.

Alguidar Utensílio de formato côncavo, feito de barro. Tem diferentes finalidades nas cozinhas. Também é objeto de serviço à mesa.

Aluá de milho Bebida artesanal feita de milho vermelho, rapadura e água, que são depositados em um pote de barro para fermentar por alguns dias. Há também aluá de abacaxi, entre outros.

Amêijoa Referente a vários tipos de moluscos lamelibrânquios, bivalves e comestíveis. Ocorre no Atlântico e no Mediterrâneo.

Angola-congo Designação de nação afrodescendente. Modelo étnico de matriz africana e orientador do candomblé.

Anho O mesmo que carneiro.

Apas Tipo de massa feita de farinha de sêmola, recheada com doce de coco, por exemplo. É acompanhamento quase obrigatório de muitas comidas indianas. É parente culinário da tortilha mexicana e da nossa tapioca.

Arroba Unidade de medida de peso equivalente a cerca de 15 quilos.

Assa-fétida Especiaria (*Ferula assa-foetida*) de uso moderado. É usada em pequenas quantidades, pois, em grande volume, produz cheiro muito forte e característico. Tradicional na cozinha indiana para a feitura de *maharashtr* e *gujarat*, que são diferentes hortaliças e grãos. A assa-fétida tem reconhecidas qualidades digestivas.

B

Bambá-de-couve Receita tradicional de Minas Gerais. Tipo de sopa feita com caldo de carne, fubá de milho, linguiça e couve.

Baque-virado Designação para os maracatus urbanos do Recife, vinculados à tradição religiosa do Xangô pernambucano. O "baque" refere-se aos polirritmos realizados pelas faias (zabumbas, instrumentos de percussão membranofônicos) e pelo gonguê (instrumento idiofônico feito de ferro), os quais são executados pelos instrumentistas chamados "batuqueiros".

Barriga-de-freira Doce conventual português; é um tipo de pastel de massa de farinha de trigo, recheado com doce-d'ovos.

Bertalha Hortaliça (*Basela rubra*) usual nas receitas brasileiras, geralmente como base para carnes e camarões, entre outros.

Bolacha Semelhante ao biscoito. É feita com farinha de trigo ou de milho. Normalmente apresenta forma arredondada e achatada. Em Pernambuco, há uma variedade de bolachas tradicionais: cocão e praieira (feitas de coco), sete-folhas, soda e suíça, entre outras.

Bolo levedo dos Açores Tipo de panqueca com receio de doce de amoras e queijo fresco.

Bom-bocado Doce da categoria dos populares "docinhos de festa" que se aproxima do pudim tradicional. É servido em forminhas de papel. O topo da massa é decorado com doce de fruta, em especial o doce de coco. A receita recebe ainda queijo e milho. Conforme os ingredientes, é chamado bom-bocado de queijo ou bom-bocado de coco.

Bredo Folha (*Amaranthus viridis*) usual em vários pratos da culinária tradicional do Brasil e de países africanos como o Benim. É popularmente conhecida como alfavaquinha, amaranto, caruru, erva de deus, língua-de-vaca, odum-dum. Compõe os pratos rituais da Semana Santa: o bredo de coco, por exemplo. Destaca-se na cozinha de matriz africana o efó, feito com essa folha, azeite de dendê e peixe ou camarão seco. No português arcaico, "bredo" significava "verdura, folha verde".

C

Cairo As fibras do mesocarpo do coco.

Cambuca de coco Utensílio feito da casca do coco seco, próprio para conter e servir água ou outros líquidos. Como reciclagem do coco, é bastante sólida. Também usada para diferentes alimentos. Faz parte dos objetos da cozinha.

Candomblé De "candombile", termo quimbundo (macrogrupo banto) que significa "lugar de oração, lugar de culto". É um modelo sociorreligioso no qual se realizam rituais para os orixás, que preserva as memórias de matriz africana.

Carimã Farinha muito fina de mandioca. Também se refere à massa de carimã, de outra consistência. Ambas estão no variado receituário de bolos, biscoitos e pamonha, entre outros.

Caripat *Murraupa Koeneg*. Suas folhas são aromáticas e integram a cozinha do extenso litoral da Índia.

Cariru Variação do caruru baiano, ambos feitos com quiabo, camarão seco e azeite de dendê. Esse prato maranhense é acrescido de farinha de arroz.

Carne do coco Polpa do coco. Parte branca da fruta.

Carragenina Extrato de algas marinhas vermelhas. Essas algas são encontradas no oceano Atlântico. A carregenina é utilizada como conservante para alimentos e como estabilizante para bebidas.

Colorau É o tão popular urucum (*Bixa orellana*). Planta do continente americano, nativa da região amazônica. Condimento que apresenta cor vermelha intensa e confere à comida uma característica estética peculiar. O colorau é empregado no preparo de peixes, como a conhecida moqueca capixaba; nas receitas de aves e de carne bovina; em cozidos. A cor avermelhada do colorau confere aos pratos uma aparência de comida quente e tropical.

Cominho Condimento (*Cuminum cyminum*) oriental amplamente utilizado na gastronomia da Europa e do continente africano. Juntamente com o *curry*, integra as receitas mais características da cozinha indiana. No Império Romano, o cominho era largamente usado, em especial na fabricação do pão de cominho e para temperar carnes de caça para os banquetes da época. No Brasil, é encontrado na forma de pó, tempero para carnes e feijões.

Copra É a polpa seca do coco.

Coração da índia Fruto do jambeiro (*Syzygium jambos*). Há o jambo-vermelho e o jambo-branco. É uma fruta exótica que chegou da Ásia e já faz parte da mesa brasileira, consumida *in natura* ou na forma de doce.

Cúrcuma Cúrcuma longa, família das zingiberáceas. Também chamada de açafrão-da-terra ou de açafrão-da-índia. Utilizada no preparo do tempero chamado carril ou *curry*. A cúrcuma é identificada pela cor alaranjada ou mostarda. É marcante no imaginário indiano. Dá às comidas e aos objetos uma cor especial; também é utilizada na pintura corporal, ganhando, nesse contexto, significado religioso.

Curry Tempero tradicional da cozinha indiana. É preparado com alecrim, canela, cardamomo, cominho, cravo, cúrcuma, gengibre, noz-moscada, pimenta-do-reino e pimenta-da-jamaica, entre outros condimentos, cuja combinação assume um caráter autoral que remete aos cozinheiros responsáveis pela sua preparação.

Cuxá Prato feito à base de vinagreira, camarão seco, farinha de mandioca e temperos – quando misturado ao arroz é chamado de arroz de cuxá.

D

Dwali É o festival das luzes e faz parte dos rituais indianos. É uma celebração coletiva que reúne milhares de participantes. O calendário desse festival coincide com o primeiro dia lunar nos meses de outubro ou de novembro. As luzes que marcam as celebrações nascem das lamparinas que simbolizam o fogo. Essas luzes também simbolizam os ensinamentos religiosos, éticos e morais, mostrando que o bem, a luz, vence o mal, a escuridão.

E

Escalfado O mesmo que escaldado.

F

Fécula É o amido extraído de tubérculos e cereais. Apresenta-se na forma de pó. É base para diversos produtos da indústria de alimentos.

Feijão-de-azeite Prato preparado com feijão-fradinho cozido em água e sal e temperado com camarão seco, cebola e azeite de dendê; o prato é complementado com ovos cozidos e faz parte do cardápio do orixá Oxum. O feijão-de-azeite também é conhecido como "omolocum". Pode ser feito com feijão-branco. Geralmente, acompanha os pratos feitos à base de peixe ou a farofa de dendê. É uma das comidas mais populares da culinária ritual afro-brasileira.

Fofas faialenses Doce tradicional do Faial, ilha do arquipélago dos Açores, pertencente a Portugal. Feito de massa de farinha de trigo, erva-doce e outros ingredientes, e recheado com creme de limão.

G

Ganhos Atividade de venda ambulante de comida por escravas ou crioulas forras, principalmente no século XIX.

Garam massala Ver *massala.*

Gengibre *Zingiber officinale.* Procede do sudeste da Ásia, sendo uma das primeiras espécies a chegar ao Ocidente como condimento ou especiaria. Há preferência pelo rizoma fresco, para uso medicinal e culinário. Nas cozinhas tradicionais do Brasil, o gengibre está nas muitas receitas de carnes e de aves, em refogados com camarões secos e defumados e junto com o azeite de dendê – por exemplo, no vatapá ou em receitas do abará, entre outros pratos da cozinha de matriz africana.

Ghee Ver *manteiga de garrafa.*

Goma O mesmo que massa de tapioca. É a fécula da mandioca.

Grude Receita com goma seca – massa de tapioca.

Gueledé Máscara. Sociedade da Máscara do povo iorubá, da África Ocidental. Essa sociedade trata do poder da mulher, em especial, da sua capacidade de gerar filhos e assumir o seu papel social de mãe. Esse e outros poderes da mulher são referenciados em festivais anuais conhecidos como festivais Gueledés. Estes reúnem centenas de máscaras que tratam de mitologia, de temas da atualidade e de sexualidade, entre outros.

Gula melaka Tipo de açúcar produzido com a seiva da palmeira, que é recolhida dos brotos. Esse líquido é fervido e depositado em pedaços de bambu que funcionam como pequenas fôrmas onde a seiva se solidifica para formar o açúcar.

Grelar Brotar, germinar. Refere-se, também, a espiga.

H

Hijiki Alga marinha. É rica em cálcio, ferro, sais minerais e fibras. Regula o colesterol, entre outras propriedades. Esse ingrediente está presente nas cozinhas tradicionais da Ásia.

I

Iorubás Povo da região ocidental do continente africano. Encontra-se, em especial, no golfo do Benim, ocupando Benin, Nigéria, Togo e Gana. Fala a língua iorubá.

J

Jagra Açúcar mascavo.

Jeje Designação de nação afrodescendente. Modelo étnico de matriz africana orientador do candomblé. Cultura fon-ewe.

K

Kombu Alga marinha, usual no preparo de refogados e molhos nas cozinhas tradicionais da Ásia.

L

Lentilhas vermelhas *Lens esculenta.* De amplo uso culinário, desde a Antiguidade, estão nos sistemas alimentares do Oriente Médio e da Europa. Utilizadas no preparo de pastas, sopas, cozidos e outras receitas. Ricas em proteínas, ferro e fibra alimentar, as lentilhas estão em muitos cardápios da Ásia; por exemplo, como *bessan*, uma farinha de lentilhas, tradicional na Índia.

Libra Medida inglesa que na culinária equivale a 450 g.

M

Macaxeira Do tupi *maka'xera*. Nome regional, em especial no Nordeste, da mandioca. É base alimentar, em âmbito nacional, com ampla presença nas receitas das comidas do cotidiano e das festas. São inúmeros os pratos, doces e salgados, preparados com a macaxeira.

Malga Tigela feita de barro ou de madeira. Peça para conter alimentos líquidos, como mingaus e papas.

Maminhas-de-freira Doce conventual português. O mesmo que manjar-branco.

Manteiga de garrafa Gordura processada do leite de gado vacum. É rica em vitaminas A e D. É uma manteiga líquida, sendo comercializada em garrafa. Seu fabrico traz provavelmente a experiência da culinária indiana, que utiliza a manteiga líquida chamada de *ghee*. Na culinária tradicional do Nordeste do Brasil, é acompanhamento da carne de sol, do cuscuz e da macaxeira, entre outras comidas regionais.

Massa de carimã Ver *carimã*.

Massa de mandioca A massa é feita com a mandioca crua, que é ralada até se obter uma massa úmida. Diz-se que a massa de mandioca é lavada por causa das impurezas que se encontram na sua casca. Assim, ela é lavada várias vezes e depois espremida manualmente.

Massala Massa preparada com caril. São receitas diversas que ganham caráter autoral dos cozinheiros ou das famílias, como uma verdadeira assinatura culinária. É tradicional na culinária indiana.

Melaka gula O mesmo que *gula melaka*.

Molho de caril: O mesmo que caril. Molho feito de coco ralado, pimenta seca, cúrcuma, coentro e cominho. É um molho tradicional para integrar o arroz cozido em água e sal. Culinária indiana.

Mung dal O mesmo que mungo; leguminosa; tipo de feijão. É ingrediente importante na cozinha vegetariana da Índia, sendo também conhecido como *moong* ou *mungo*. Geralmente é servido cozido.

Mungunzá de beber: Tipo de mingau de milho para se beber. É feito com milho branco, leite de gado vacum e leite de coco, e temperado com cravo, canela e açúcar.

N

Nachenin Um tipo de cereal indiano (*Elensine coracana*). Encontra-se também na África Oriental. É utilizado no preparo de receitas pastosas, como mingaus e papas, entre outras.

Nata de coco Produto tradicional das Filipinas, produzido com água de coco e carragenina.

Nori Alga marinha utilizada para o preparo do *sushi*.

O

Omolocum Ver *feijão-de-azeite*.

P

Palmeira do sagu O saguzeiro (*Metroxylon rumphii*) procede da Oceania. Palmeira da qual se extrai uma fécula que muitas vezes substitui o arroz. Com essa fécula ainda fresca, fabrica-se o sagu perolado, que é cozido. Os grãos da fécula, ao endurecerem, lembram pérolas.

Pasta de coco Resíduo do processo de fabricação do óleo de coco. A pasta é usada como ração animal, especialmente para o gado bovino.

Pastéis de festa Recheados com carne suína ou de ave, temperados e, depois de fritos, pulverizados com canela e açúcar.

Pimenta-malagueta *Capsicum frutescens*. Importante ingrediente nas receitas tradicionais da Índia, da Tailândia, do continente africano e das cozinhas regionais do Brasil. A pimenta-malagueta é considerada um condimento muito forte, que acentua os sabores e compõe a estética de muitos pratos.

Piripiri Pimenta-malagueta.

Ponto de pérola Calda de açúcar que ferve entre 106 °C e 109 °C. Verifica-se, com uma colher, se a calda goteja pingos em forma de pérolas.

Ponto de rebuçado Calda de açúcar que ferve entre 118 °C e 130 °C. Tem consistência pastosa. Ponto para fazer balas e doces.

Pontos do açúcar As diferentes caldas de açúcar recebem nomes de acordo com suas características físicas para determinados usos. Os pontos de açúcar são fio de cabelo, estrada, assoprado, espadana, rebuçado, areia e caramelo. Cada ponto tem uma função gastronômica específica e segue os critérios da doçaria tradicional portuguesa (doçaria conventual).

Porrões Utensílios feitos de barro para conter água; armazenam em torno de 20 litros.

Puba O mesmo que carimã. Massa puba ou massa de carimã.

Q

Queto Reino de Queto, em Benin, na África Ocidental.

Quitandeiras Mulheres que realizavam os "ganhos", venda de comida nos séculos XVIII e XIX. Cozinheiras, normalmente mulheres em condição escrava.

R

Rebuçado Ver *ponto de rebuçado.*

S

Sagu Ver *palmeira do sagu.*

Santan Tipo de pudim de leite de coco preparado com *gula melaka.* É uma receita tradicional da Malásia.

Semolina O mesmo que sêmola. Designa um tipo de moagem do trigo, do milho ou do arroz que produz uma farinha grossa. Tradicionalmente é a base para o cuscuz do Magreb, na África. Como ingrediente, integra sopas, molhos e outras receitas culinárias.

Sura Seiva da palmeira do *Cocos nucifera.* É usual como fermento e também aproveitada para fazer vinho de palma. São feitos outros "vinhos de palma" a partir de palmeiras como o açaí, o buriti e o dendezeiro (nesse caso, chamado de "emu", "marufo" ou "malafo", bebida tradicional de regiões da África Ocidental e Centro-Atlântica).

W

Wakame Alga marinha. Rica em ferro, é muito utilizada em sopas e saladas da culinária tradicional da Ásia.

X

Xacuti Tipo de *curry* tradicional de Goa, na Índia. É um tempero usual no preparo de carnes, feito com grandes pimentões, sementes de papoula e várias pimentas.

BIBLIOGRAFIA

ALBUQUERQUE, Sílvia Martins de. *Arte popular em Pernambuco: roteiro*. Recife: Departamento de Extensão da Universidade Federal de Pernambuco, 1969.

ALVARENGA, Oneyda. "Comentários a alguns cantos e danças do Brasil". Em *Revista do Arquivo Municipal de São Paulo*, 7 (80), São Paulo, nov./dez. 1941.

AMADO, Jorge. *Tieta do Agreste*. Rio de Janeiro: Record, 1977.

ARAÚJO, Iaperi. *A medicina popular*. Natal: Universidade Federal do Rio Grande do Norte, Imprensa Universitária, 1981.

AYALA, Marcos & AYALA, Maria Ignez Novais. *Cocos*. Natal: Universidade Federal do Rio Grande do Norte, 2000.

AZOUBEL, Roberto. "Danças e ritmos". Em *Brincantes: encarte cultural*. Recife: Secretaria de Cultura, Turismo e Esportes/Fundação de Cultura Cidade do Recife, 1998. (Folheto nº 5.)

BALTAR, Carolina. *O livro de cozinha*. Recife: Colombo, 1945.

BARROS, Chico. *Em defesa da cachaça*. Fortaleza: Centro de Referência Cultural, s/d.

BARROS, Lidia & LEÃO, Carolina (orgs.). *Crônicas do cotidiano: a vida cultural de Pernambuco nos artigos de Gilberto Freyre*. Recife: Diário de Pernambuco, 2009.

BÄRTEL, Andreas. *Guia das plantas tropicais: plantas ornamentais, plantas úteis, frutos exóticos*. Rio de Janeiro: Lexikon, 2007.

BEARDSWORTH, Keil T. *Sociology on the Menu*. Londres: Routledge, 1997.

BONDAR, Gregorio. *O coqueiro (*Cocos nucifera L.*) no Brasil.* Salvador: Tipografia Naval, 1939.

______. *Palmeiras na Bahia do gênero Cocos.* Salvador: Tipografia Naval, 1939.

CAMPELLO, Samuel. "Danças populares". Em MAIOR, Mário Souto & VALENTE, Waldemar (orgs.). *Antologia pernambucana de folclore.* Recife: Fundação Joaquim Nabuco/Massangana, 1988. (Monografias, Fundaj, nº 31.)

CAMPOS, Eduardo. *Medicina popular do Nordeste.* 3ª ed. Rio de Janeiro: O Cruzeiro, 1967.

CARNEIRO, Edison. *Samba de umbigada: tambor de crioula, bambelô, coco, samba de roda, partido alto, samba-lenço, batuque, jongo-caxambu.* Rio de Janeiro: Campanha de Defesa do Folclore Brasileiro, 1961.

CASCUDO, Luís da Câmara. *Antologia da alimentação no Brasil.* Rio de Janeiro: Livros Técnicos e Científicos, 1977.

______. *Dicionário do folclore brasileiro.* 4ª ed. São Paulo: Melhoramentos, 1979.

______. *História da alimentação no Brasil: pesquisas e notas.* Belo Horizonte/São Paulo: Itatiaia/Edusp, 1983. 2 vols. em 1. (Reconquista do Brasil: Nova Série, vols. 79-80.)

______. *Prelúdio da cachaça: etnografia, história e sociologia da aguardente no Brasil.* Rio de Janeiro: IAA, 1968.

CLUSIO, C. *Aromattum et simplicium aliquot medicamentorum apud indios nasceciam historia.* Lisboa: s/ed., 1946.

CORRÊA, Manuel Pio. *Dicionário das plantas úteis do Brasil e das exóticas cultivadas.* Rio de Janeiro: Imprensa Nacional, 1926-1975.

COSTA, Irio Barbosa da & MESQUITA, Helena Maria. *Tipos de habitação rural no Brasil.* Rio de Janeiro: IBGE, 1978.

COSTA, J. Simão da. *O coqueiro (*Cocos nucifera*): seu valor econômico.* Rio de Janeiro: s/ed., 1922.

COSTA, Maria Fernanda Noronha & GONÇALVES, Inês. *Sabor de Goa: cozinha indo-portuguesa.* Lisboa: Assírio & Alvim, 2004.

DAMASIO, Jiciara Sales & FERREIRA, Joana Maria Santos. *Bibliografia internacional do coco:* Cocos nucifera L. Brasília: Embrapa, 1980.

DIÉGUES JÚNIOR, Manuel. "Danças negras do Nordeste". Em: SOUTO MAIOR, Mário & VALENTE, Waldemar (orgs.). *Antologia do carnaval do Recife*. Recife: Fundação Joaquim Nabuco/Massangana, 1991.

DUARTE, Abelardo. *Folclore negro das Alagoas (áreas da cana-de-açúcar): pesquisa e interpretação*. Maceió: Departamento de Assuntos Culturais, 1974.

FERRÃO, José Eduardo Mendes. *A aventura das plantas e dos descobrimentos portugueses*. Lisboa: Fundação Berardo, 1993.

FERREIRA, Aurélio Buarque de Holanda. *Novo dicionário da língua portuguesa*. Rio de Janeiro: Nova Fronteira, 1975.

FIGUEIREDO FILHO, José de. *Engenhos de rapadura do Cariri*. Rio de Janeiro: Serviço de Informação Agrícola, 1958. (Documentário da vida rural, 13.)

FISCHLER, Claude. "Food, Self and Identity". Em *Social Sciences Information*, 27 (2), Paris, École des Hauts Études en Sciences Sociales, 1988.

FONTES, Humberto Rollemberge & WANDERLEY, Múcio. *Situação atual e perspectivas para cultura do coqueiro no Brasil*. Aracaju: Embrapa Tabuleiros Costeiros, 1986. (Documentos, 94.)

FREYRE, Gilberto. *Açúcar: em torno da etnografia e da sociologia do doce no Nordeste canavieiro do Brasil*. São Paulo: Global, 2007.

______. *Casa-grande & senzala*. 19ª ed. Rio de Janeiro: José Olympio, 1978.

______. *Manifesto regionalista*. Maceió: Universidade Federal de Alagoas, 1976.

______. *Mocambos do Nordeste: algumas notas sobre o tipo de casa popular mais primitivo do nordeste do Brasil*. 2ª ed. rev. e prefaciada pelo autor. Recife: Instituto Joaquim Nabuco de Pesquisas Sociais/Imprensa Universitária, 1967.

______. *Nordeste: aspectos da influência da cana sobre a vida e a paisagem do Nordeste do Brasil*. 7ª ed. São Paulo: Global, 2004.

______. *Oh de casa! Em torno da casa brasileira e de sua projeção sobre um tipo nacional de homem.* Rio de Janeiro/Recife: Artenova/Instituto Joaquim Nabuco de Pesquisas Sociais, 1979.

______. "Tradições da cozinha pernambucana". Em *Diário de Pernambuco*, Recife, 1940.

______. "Um café para o Recife". Em BARROS, Lidia & LEÃO, Carolina (orgs.). *Crônicas do cotidiano: a vida cultural de Pernambuco nos artigos de Gilberto Freyre.* Recife: Fundação Gilberto Freyre, 2009.

GIFFONI, Maria Amália Corrêa. *Danças folclóricas brasileiras e suas aplicações educativas.* 3ª ed. São Paulo: Melhoramentos/Instituto Nacional do Livro, 1973.

______. *Danças folclóricas brasileiras: sistematização pedagógica.* São Paulo: Martins, 1955.

GOMES, Antonio Osmar. "Tradições populares colhidas no baixo São Francisco". Em Congresso Brasileiro de Folclore, 1, 1951. *Anais...* vol. 2. Rio de Janeiro: Ministério das Relações Exteriores, 1952.

GOMES, Pimentel. *Fruticultura brasileira.* São Paulo: Nobel, 1972.

HARRIES, H. C. "The Cape Verte Region (1499 to 1549), the Key to Coconut Culture in the Western Hemisphere?". Em *Turrialba*, 27 (3), São José (Costa Rica), Instituto Interamericano de Cooperación para la Agricultura, 1977.

HENRY, Yves. *Plantes a fibres: elements d'agriculture coloniale.* Paris: A. Colin, 1924.

HOUAISS, Antônio & DRAEGER, Alain. *Mágica da cozinha brasileira.* Rio de Janeiro: Primor, 1979.

HUNGER, Friedrich Wilhelm Tobias. Cocos Nucifera*: Handboek voor de kennis van den cocos-palm in Nederlandsch-Indie, Zijne Geschiedenis, Beschrijving, Cultuur en Product (1916).* Whitefish: Kessinger, 2010.

JORDÃO, Fred & GUIMARÃES, Roberta (orgs.). *É do coco, é do coqueiro.* Texto: Raul Lody. Recife: Relicário, 2010.

KIDDER, Daniel Parish. *Reminiscências de viagens e permanências no Brasil, Províncias do norte (1839-1840).* São Paulo: Edusp/Martins, 1972.

LAVANÈRE, L. *Nossas cantigas: canções, cantigas de roda, cocos, modinhas, chegança, pastoris mais populares do Nordeste do Brasil*. Maceió: Ed. do Autor, 1945.

LECOTTE, Roger. *Les noix de coco gravées*. Paris: Les Vieux Papier, 1975.

LEMOS, Carlos A. C. *Casas do Brasil*. São Paulo: Museu da Casa Brasileira, 2006.

LEONARD, Olen. *Problemas de habitação rural no leste de Pernambuco*. Recife: Instituto Joaquim Nabuco de Pesquisas Sociais, 1960.

LODY, Raul (org.). *À mesa com Gilberto Freyre*. Rio de Janeiro: Senac Nacional, 2004.

______. "A água do paraíso". Em *Como logo existo*. Disponível em http://www.malaguetacomunicacao.com.br, 2011.

______. "Açúcar. Uma civilização nacional. Sociologia, história e etnografia do doce por Gilberto Freyre". Em *Como logo existo*. Disponível em: http://www.malaguetacomunicacao.com.br, 2009.

______. *Artesanato: uma visão complexa*. Rio de Janeiro: Ed. do Autor. 1984. (Comunicado aberto, 1.)

______. A tão celebrada cocada. Em: *Como logo existo*. Disponível em http://www.malaguetacomunicacao.com.br, 2009.

______. *Brasil bom de boca: temas da antropologia da alimentação*. São Paulo: Editora Senac São Paulo, 2008.

______ (org.) *Brasil, festa popular*. Rio de Janeiro: Livroarte, 1980.

______. "Cachaça: entre o profano e o sagrado". Em Encontro Cultural de Laranjeiras, 24. *Anais*... Aracaju: Governo do Estado, 1999.

______. *Coco Dois de Ouro: uma dança praieira de Canguaretama*. Rio de Janeiro: Funarte: Fundacen. 1 videocassete (10 min.), U-Matic. Roteiro de edição, 1989.

______. "Comer é pertencer". Em ARAÚJO, Wilma Maria Coelho & TENSER, Carla Márcia Rodrigues (orgs.). *Gastronomia: cortes & recortes*. Vol. 1. Brasília: Universidade de Brasília: Senac, 2006.

______. "Cozinha brasileira: uma aventura de 500 anos". Em *Formação da culinária brasileira*. Rio de Janeiro: Sistema CNC/Sesc/Senac, 2000.

______. "Culinária & patrimônio: em torno de *Açúcar* de Gilberto Freyre". Em ANDRADE, Manuel Correia de. *Além do apenas moderno: Brasil séculos XIX e XX*. Recife: Fundação Joaquim Nabuco/ Massangana, 2001.

______. "Culinária brasileira, patrimônio de um povo: as muitas peças de um mosaico cultural". Em *Série Formação da culinária brasileira: catálogo*. Rio de Janeiro: Senac Nacional, 2006.

______. "Doçaria brasileira: um doce sabor português". Em *A doçaria tradicional de Pelotas*. Rio de Janeiro: Senac Nacional, 2003.

______. "É de cravo, é de rosa, é de manjericão: o São João luso-brasileiro – mito e devoção no Rio de Janeiro". Em LESSA, Carlos (org.). *Os Lusíadas na aventura do Rio Moderno*. Rio de Janeiro: Record, 2002.

______. "Feira de São Cristóvão: o Nordeste na Guanabara". Em *Revista Brasileira de Folclore*, 13 (38), Brasília, Centro Nacional de Folclore e Cultura Popular, 1974.

______. "Hacer, comer y vivir: introducción a la artesanía culinaria brasileña". Em *Artesanias de América*, n°s 46/47, Cuenca (Equador), Centro Interamericano de Artesanías y Artes Populares, agosto de 1995.

______. "Milho, coco e invenção de sabores da culinária junina". Em *Cardápio Mesa Brasileira*. São Paulo: Senac/CNC, 2010.

______. "Nêgo bom & Souza Leão: o bom do doce em Pernambuco". Em *Tempo Tríbio*, 1 (1), Recife, Fundação Gilberto Freyre, 2006.

______. "Nordeste: um livro germinal de Gilberto Freyre sobre ecologia/região/cultura". Em *Ciência & Trópico*, 18 (2), Recife, Fundação Joaquim Nabuco, jul./dez. 1990.

______. "O tempo do doce". Em *Como logo existo*. Disponível em http:// www.malaguetacomunicacao.com.br, 2009.

______. "O tempo transgressor do carnaval". Em *Diário de Pernambuco*, Recife, 19-2-1993.

______. *Pastoril de ponta de rua: o teatro da esquina*. Rio de Janeiro: Ed. do Autor, 1995. (Comunicado aberto, 25.)

______. Patrimonialização da comida. Em *Como logo existo*. Disponível em http://www.malaguetacomunicacao.com.br, 2008.

______. *Patrimônios culturais tradicionalmente não consagrados, por quem? Ou patrimônios do povo tradicionalmente consagrados pelo símbolo e pelo uso: o caso do artesanato/arte popular.* Rio de Janeiro: Ed. do Autor, 1999. (Comunicado aberto, 33.)

______. *Pimenta da costa da África à costa do Brasil.* Rio de Janeiro: Ed. do Autor, 1990. (Comunicado aberto, 7.)

______. "Presencia de África en la gastronomía de Bahia". Em *Patrimonio Cultural y Turismo. Congreso sobre Patrimonio Gastronómico y Turismo Cultural en América Latina y el Caribe. Memorias.* Tomo II. Cidade do México: Conaculta, 2002.

______. "Roz Bil Halib". Em *Como logo existo.* Disponível em http://www.malaguetacomunicacao.com.br, 2009.

______. "Sol & açúcar: ecologia e processos de sedução em Gilberto Freyre". Em *Seminário Internacional Novo Mundo nos Trópicos.* Recife: Fundação Gilberto Freyre, 2000.

______. "Um banquete à beira-mar". Em *Diário de Pernambuco*, Recife, 6-1-1992.

______. "Um doce feito a punho". Em *Como logo existo.* Disponível em http://www.malaguetacomunicacao.com.br, 2009.

MACHADO, J. P. & CAMPOS, V. *Vasco da Gama e a sua viagem de descobrimento.* Lisboa: Câmara Municipal de Lisboa, 1969.

MATHUR, Suresh Narain. *Festivais e jejuns hindus.* São Paulo: Madras, 2009.

MÉLO, Veríssimo de. *Apresentação do bambelô.* Natal: Prefeitura Municipal, 1956.

MORAIS FILHO, Melo. "Natal, Ano Bom e Reis na Bahia". Em MORAIS FILHO, Melo *et al. Bailes Pastoris na Bahia.* Salvador: Aguiar & Souza/Progresso, 1957.

MOREIRA, Nicolau Jorge. *Dicionário de plantas medicinais brasileiras.* Rio de Janeiro: A Noite, 1941.

MOTA, A. Teixeira da & NEVES, Mário G. Ventim. *A habitação indígena na Guiné Portuguesa.* Bissau: Centro de Estudos da Guiné Portuguesa, 1948.

OLIVEIRA, Veiga Cabral. *Festividades cíclicas em Portugal*. Lisboa: Dom Quixote, 1984.

PARAÍBA. Secretaria da Divulgação e Turismo. *Coco de roda*. João Pessoa: A União, [197-]. (Folhetos Paraibanos, 3.)

PASCUAL, A. D. de. *Ensaio crítico sobre* A viagem ao Brasil em 1852 *de Carlos B. Mansfield*. Rio de Janeiro: Laemmert, 1861.

PIMENTEL, Altimar. "Uma dança de umbigada". Em *Folclórica*, 8 (7), Goiânia, 1979.

PIMENTEL, Altimar de Alencar. *Coco de roda*. João Pessoa: Governo do Estado, 2004.

______. *O coco praieiro: uma dança de umbigada*. 2ª ed. João Pessoa: Universitária, 1978.

REALI, Heitor & REALI, Sílvia. "É tempo de festa". Separata de *Almanaque Brasil de Cultura Popular*, 11 (120), São Paulo, Andreato Comunicação & Cultura, abril de 2009.

REGO, Antonio José de Souza. *Dicionário do doceiro brasileiro*. São Paulo: Editora Senac São Paulo, 2010.

SALVADOR, Frei Vicente do. *História do Brasil (1500-1627)*. São Paulo: Melhoramentos, 1954.

SARAIVA, Gumercindo. *Câmara Cascudo: musicólogo desconhecido*. Recife: Pernambuco, 1969.

SENAC. *A cozinha baiana*. Salvador, 1990.

SERAINE, Florival. *Antologia do folclore cearense*. 2ª ed. Fortaleza: UFC, 1983.

SESI. *Receitas para São João*. Salvador, [199-].

SOAREZ DE SOUZA, G. *Notícias do Brasil*. São Paulo: Departamento de Assuntos Culturais do MEC, 1974.

SOUSA, Araci Ferraz de *et al*. *Grande enciclopédia do lar, da mulher e da arte culinária*. São Paulo: Libra, 1972.

SOUTO MAIOR, Mário. "Coco: sua importância na cozinha do Nordeste". Em *Boletim da Comissão Catarinense de Folclore*, 26 (39-40), Florianópolis, Comissão Catarinense de Folclore, dezembro de 1988.

______. *Comes e bebes do Nordeste*. 3ª ed. Recife: Fundação Joaquim Nabuco/Massangana, 1985.

______. *Nordeste: a inventiva popular*. Rio de Janeiro: Cátedra, 1978.

______. *Remédios populares do Nordeste*. Recife: Fundação Joaquim Nabuco/Massangana, 1986.

______. *Riqueza, alimentação e folclore do coco*. Recife: 20-20 Comunicação, 1994.

VIANNA, Hildegardes. *A cozinha baiana: seu folclore, suas receitas*. Salvador: Tipografia da Fundação Gonçalo Muniz, 1955.

______. "Samba e folclore". Em *Cultura*, 3 (2), Brasília, out./dez. 1973.

VIEIRA FILHO, Domingos. *A linguagem popular do Maranhão*. 2ª ed. São Luís: Tipogravura Teixeira, 1958.

VILELA, Aloísio. *O coco de Alagoas: origem, evolução, dança, modalidades*. Maceió: Departamento Estadual de Cultura, 1961. (Estudos Alagoanos, 5.)

______. *O folclore de Alagoas*. Maceió: Secretaria da Cultura e Turismo, 1975.

VILHENA, Luiz dos Santos. *Cartas de Vilhena: notícias soteropolitanas e brasílicas*. Salvador: Imprensa Oficial, 1922.

WEIMER, Günter. *Arquitetura popular brasileira*. São Paulo: Martins Fontes, 2005.

Sites consultados

http://foodandspice.blogspot.com/search/label/African.

http://sistemasdeproducao.cnptia.embrapa.br/FontesHTML/Coco/ACulturadoCoqueiro/aspectos.htm.

http://unesdoc.org/images/0015/001502/150224por.pdf.

http://www.maemartadeoba.com.br/orixas%20mitos%20e%20lendas/comida%20de%20santo%2022.html.

pt.wikilingue.com/es/Gastronomia-de-Filipinas.

www.biologo.com.br/plantas/cerrado/buriti.html.

www.copracoco.com.br.

www.gastronomiaycia.com/tag/coco.

www.macauba.net/site/palmeiras.php.

www.universoorganico.com.

www.usda.gov/wps/portal/usda/usdahome.